FEDERICO BIN

Mi chiamavo
Acquabella

Storia e storie di quartiere

Dalla San Vincenzo al lettore

"Mi chiamavo Acquabella" è un libro che rientra nell'attività della San Vincenzo sul territorio della parrocchia di Santa Croce. Tutto il ricavato delle vendite contribuirà a rispondere alle diverse richieste di aiuto (e sono molte) che arrivano da questo territorio. Bastano due cifre a inquadrare la realtà che la San Vincenzo si trova di fronte: 77 famiglie assistite per oltre 200 persone, con aiuti alimentari ed economici più il sostegno a chi magari vive per strada e ha bisogno di scarpe, vestiti, coperte.

Se avete questo libro tra le mani, è perché anche voi avete concretamente contribuito ad aiutare, e di questo vi ringraziamo.

Perché un libro? Perché l'economia della solidarietà deve cercare iniziative nuove, perché conoscere le radici anche di un piccola porzione della città ci aiuta ad osservarne più da vicino i bisogni reali, perché ci rivela molto, come nel caso dell'Acquabella, della sua apertura al sociale come naturale vocazione, perché ci fa sentire parte di una comunità che ha una storia, perché racconta di valori e aiuta a condividerli.

Alla fine, un progetto circolare. Il libro nasce in un territorio, racconta quel territorio e ritorna al territorio come concreto aiuto alle sue tante necessità.

Maria Matilde Carpaneto - presidente
Conferenza Santa Rossello, Società San Vincenzo de' Paoli

Come in certi racconti per bambini, dove più un personaggio ha un nome curioso, più farà certamente cose interessanti, così la prima motivazione per questo libro è stato proprio il nome: Acquabella. Poco importa se in passato erano solo qualche cascina, poche osterie e molti canali. Pazienza se la zona non è mai stata neppure ben definita sotto il profilo amministrativo o che non si ricorda vi siano accaduti eventi eccezionali, né che vi abbiano vissuto personaggi illustri. Acquabella seduce nel nome. Promette rogge limpide, fresco di orti e pergolati, silenzi profondi di prati, echi di campane lontane.

Tra scarsi documenti, ricordi sbiaditi, minime tracce rimaste sul territorio, poche pagine marginali sui libri, l'Acquabella è riuscita a raccontarci la sua storia iniziata nella quiete operosa della campagna lombarda e finita dopo diversi processi di trasformazione in un quartiere di città vivace e solidale. Non è un grande affresco, anzi magari il tutto assomiglia a quelle vecchie chiese dove i dipinti sono stati in parte cancellati dal tempo e mostrano tracce solo qua e là. Ci notificano che qualcosa è andato perduto per sempre, ma bastano a far immaginare l'insieme.

Una chiesetta scomparsa, cascine sfiorate da Renzo in fuga, trattorie dove si mangiavano pesciolini fritti delle rogge, un orfanotrofio con le sue storie di amore e di dolore, un vecchio teatrino nascosto, calciatori d'antan *in casacche e mutando-*

5

ni, sottopassi da paura, incroci di treni nella nebbia, schioppettate durante le Cinque Giornate e tanto, tanto altro ancora. *Sono queste le storie che l'Acquabella ci ha narrato e che troverete nelle prossime pagine. Come la nascita di una chiesa, quella di Santa Croce nel cuore del quartiere, che prima è stata comunità, attenzione ai bisogni, luogo di aggregazione e solo in un secondo tempo edificio. O come la vecchia villa di delizie che per oltre cinque secoli ha vissuto un'esistenza turbolenta e irripetibile. Tante storie spesso ignorate, anche da chi tra queste strade è nato ed è vissuto, e che aspettavano solo di essere raccontate.*

Se non altro, alla fine possiamo far tesoro di un insegnamento. Non c'è quartiere, non c'è comunità per piccola che sia o all'apparenza insignificante, che non abbia una identità di cui andare orgogliosa, e un po' di buone pagine da far leggere e testimonianze da trasmettere. E' vero, all'inizio c'era un grande dubbio: ma questo gruppo scarso di cascine, di trattorie e di canali cosa mai avrà da dirci? E' bastato stare ad ascoltare e alla fine le parole sono arrivate, e hanno iniziato a scorrere proprio come l'acqua, bella, delle rogge di un tempo.

LA MAPPA

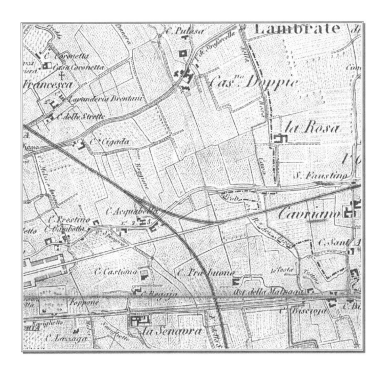

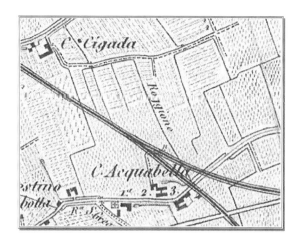

La carta di Milano di Giovanni Brenna del 1865
(nell'altra pagina l'area trattata in questo libro,
qui sopra il dettaglio dell'Acquabella) è la più
completa e la più precisa del tempo, soprattutto
per quanto riguarda il territorio dei Corpi Santi.
Le due linee più marcate sono la ferrovia che si
unisce al bivio. L'asse delle cascine, in basso, cor-
risponde all'attuale corso Plebisciti.

9

TERRA D'ACQUA

LE ACQUE
Tante fonti naturali, poche fonti documentarie

*****

Ricordo bene che quando ero bambino e giravo sempre con il naso all'insù per curiosare, la mamma mi raccomandava: "Guarda dove metti i piedi!" Ecco, per questo capitolo dobbiamo tutti tornare bambini e con l'immaginazione "guardare dove mettiamo i piedi" mentre camminiamo per le strade del quartiere. Ci troviamo così d'incanto in mezzo a orti ben curati e a campi verdi tagliati da un fitto reticolo di rogge; l'erba è profumata, molle, umida e poco più in là, dove scorre l'acqua di un canale, con un po' di pazienza potremmo pescare anche qualche buon gambero. Se alziamo gli occhi ci appare un orizzonte punteggiato da ontani e filari di pioppi che lasciano scorgere qua e là i rossi muri delle cascine. Buona campagna di orti e di marcite curate con infinita pazienza. Tutto sembra immobile nel silenzio rotto solo di tanto in tanto dalle campane lontane di Monluè e di Calvairate.

Ci credereste? Vi trovate, che so, davanti al negozio di ottica di piazzale Susa o sul sagrato di Santa Croce o fuori dalla gioielleria Lanfossi in viale Argonne e questo è lo scenario che vi appare se la vostra immaginazione vi ha trasportato "con i piedi per terra" nell'Ottocento.

Non è neppure ancora Milano. Siamo nel comune dei Corpi Santi.

Benvenuti all'Acquabella. Terra d'acqua sulla frontiera dei fontanili.

13

Non si può comprendere questa zona se non si fa un continuo riferimento al suo sistema di irrigazione diffusa, che un tempo ne ha determinato l'identità e la toponomastica. C'è però purtroppo una difficoltà: è impossibile oggi ricostruire nel dettaglio la rete delle canalizzazioni che rendeva l'area così rinomata per la bellezza e la freschezza delle sue acque. Forse proprio a causa del suo essere piena campagna, con quella riservatezza tipica del vecchio mondo contadino, la storia e le cronache l'hanno sempre dimenticata e le fonti (documentaristiche in questo caso) sono molto poche. Quanto alle mappe non appaiono certo generose di dettagli e spesso risultano imprecise.

Ricostruire la rete idrica dell'Acquabella diventa così un lavoro da detective. Si cercano tracce qua e là, indizi, reperti, testimonianze e poi si prova a ricomporre il tutto. Lavoro investigativo, insomma. E come accade per ogni investigazione che si rispetti, ecco subito un bel mistero: un canale senza nome che scorreva lungo l'asse Indipendenza-Plebisciti.

Ne parlano, in un libro bello e documentato (*"Milano sotterranea", Newton 2013*), Ippolito Edmondo Ferrario e Gianluca Padovan, due speleologi milanesi che si sono addentrati in quel che resta di quel canale misterioso.

"... è in mattoni e risulta interrotto a sud all'altezza di Piazzale Dateo dal muro di cemento armato del moderno parcheggio sotterraneo, nonché a nord, poco prima di arrivare in corso Concordia, da un altro muro. Essendo isolato dalla rete riceve solo le acque meteoriche che ristagnando sul fondo creano in alcuni punti un perenne strato di fanghiglia. L'esplorazione ha per-

14

messo di percorrere l'intero tronco del canale, il cui andamento non è perfettamente parallelo all'asse stradale sovrastante, ma presenta alcune curve. La copertura è disomogenea: in alcuni punti la volta a sesto ribassato è di mattoni a vista, in altri è formata da tavelloni di cemento armato. In più punti le radici degli alberi soprastanti sono riuscite a penetrare nelle murature e pendono in modo bizzarro nel vuoto del canale. Nei pressi di Piazzale Dateo, prima dell'interruzione, nella spalletta in mattoni si apre un cunicolo nel quale si può strisciare per alcuni metri. La volta è in lastre rettangolari di granito bianco e nero, ma l'ultima sembra granito rosa di Baveno. E' chiuso da una saracinesca metallica saldata alla sede dalla ruggine. Dalla parte opposta, ovvero in direzione di piazza Risorgimento, si notano le tracce di un piccolo ponte in mattoni. Pur essendo prossima alla zona dell'Acquabella, questa dovrebbe proprio essere l'antica roggia San Gregorio. Difatti verso valle la San Gregorio correva per un tratto parallela alla roggia Acquabella..."

Una conferma indiretta del fatto che si tratterebbe proprio dell'antica roggia San Gregorio (o di una sua prima derivazione) viene dalla dicitura ben visibile sulla cartina di Brenna del 1865.

E' in corrispondenza dell'attuale corso Plebisciti che il canale misterioso, o forse non più tanto, incontrava un altro "punto acqua" fondamentale per la rete irrigua dell'area: il fontanile Acquabella. La nostra investigazione ci fa conoscere a questo punto uno dei fenomeni più affascinanti della geografia milanese: le risorgive.

15

La risorgiva è un sistema naturale di risalita dell'acqua. Il nome dice tutto: l'acqua penetrata a monte nel terreno e che scorre sotto la superficie, ad un certo punto incontra strati impermeabili che la bloccano e la spingono in alto, facendola appunto ri-sorgere. Se poi interviene l'uomo a forzare e governare questa risalita, i puristi parleranno di fontanile. Ma alla fine è la stessa cosa: acqua purissima che sgorga tutto l'anno ad una temperatura costante tra i 9 gradi in inverno e i 14 in estate. Il suolo non ghiaccia mai e la vegetazione non si ferma. Se il campo è stato preparato a dovere (come nel caso delle marcite) è possibile effettuare ogni anno da sette a nove tagli di foraggio contro i quattro-cinque di un prato stabile. Cibo fresco a chilometro zero per il bestiame, che ricambierà con prodotti di alta qualità. Oro liquido per i contadini.

Adesso immaginate queste risorgive schierate in fila come tanti bravi soldatini, lungo l'asse ovest-est della pianura e che attraversa Milano e suoi dintorni. Ecco: se vi trovate davanti all'autosilo di via Gozzi o fuori dal bar Blender di piazzale Susa o a giocare a bocce in viale Argonne guardate bene dove mettete i piedi: siete sulla linea della cosiddetta Fascia delle Risorgive.

Siete all'Acquabella.

Una di queste risorgive si trovava proprio in corrispondenza del complesso di cascine che avrebbero poi dato il nome all'intera zona e delle quali parleremo fra poco. Ma bastava questa acqua unita a quella del misterioso canale-forse-San-Gregorio a irrigare tutti i campi attorno? Decisamente no: ci voleva ben altro contributo irriguo, di differente origine, proveniente da nord (da sud era impossibile, perché più a valle).

Qui il lavoro investigativo si fa più difficile. Non ci sono informazioni precise, ma quel che è certo, è che altra acqua, attraverso complessi sistemi di canalizzazione, proveniva da due genitori nobili, il Lambro e la Martesana. Prezioso oro liquido per l'agricoltura dell'Acquabella era "estratto" da lì e convogliato nei campi seguendo le dolci pendenze del terreno. Sulle vecchie carte compare un "Roggione" non meglio identificato che scendeva da Lambrate per poi scorrere all'incirca lungo l'attuale via Vanvitelli. Gli abitanti di piazzale Susa raccontano del canale Genzianella. Per il resto solo piccole rogge senza un nome.

Un lavoro da detective, si diceva. Bisogna dunque ragionare un po' come Sherlock Holmes nel *Mastino dei Baskerville* e trovare la spiegazione in ciò che "non" c'è (in quel caso: perché il cane "non" abbaiò?). L'assenza di nomi accanto al sistema irriguo dell'Acquabella ci notifica che non esisteva un unico grande corso d'acqua, naturale o artificiale, ad alimentare l'area, ma c'erano tante piccole fonti non degne neppure di un'identità, che però stanno ad indicare una ricchezza diffusa di questo bene così prezioso. In via Goldoni o in piazza Guardi o in via Giovanni da Milano guardate allora dove mettete i piedi e fate lavorare la fantasia: attenti a non bagnarvi, perché è pieno di piccoli corsi d'acqua che hanno reso fertile questa zona dei Corpi Santi a est di Milano. Zona con poche tracce sui libri di storia, ma ben nota al tempo per la bellezza del suo paesaggio, la ricchezza dei suoi orti, la bontà dei suoi prodotti, la pace dei suoi campi.

Siete a casa. Bentornati all'Acquabella.

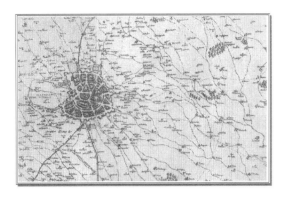

*E' del 1600 la prima edizione della mappa di Gio-
vanni Battista Claricio, intitolata "Carta dei dintorni di Milano per il raggio di 5 miglia di braccia
milanesi". Si tratta di una mappa estremamente
dettagliata che mostra la rete dei canali principali
e gli insediamenti rurali attorno a Milano per sette
chilometri. Già vi compare (sotto, il particolare
della zona a est) una scritta Acquabella. La mappa
è conservata presso le civiche raccolte Bertarelli.*

18

LE CASCINE

Centri di vita lontano dai riflettori

*****

Tutto il sofisticato sistema irriguo dell'Acquabella era governato da un gruppo di cascine sparse sul territorio e risalenti in alcuni casi addirittura al XV secolo. Il segno che le condizioni generali del terreno sulla fascia dei fontanili erano apprezzate da secoli (dopotutto pare accertato in piazzale Dateo un insediamento di epoca neolitica). Benché favorevole, la natura che si vuole destinare a scopi agricoli non può essere lasciata a se stessa, ma richiede il continuo intervento dell'uomo, in particolare, come in questo caso, nella gestione dell'acqua per i campi.

Poiché non esisteva un "confine dell'Acquabella" in senso amministrativo, ne abbiamo immaginato uno che, con una certa abbondanza, si spinge in alto fino all'attuale Politecnico e in basso fino all'asse di viale Corsica, toccando lo storico edificio della Senavra. Questo ci permette di comprendere un discreto numero di cascine esistenti a metà Ottocento: le quattro Acquabella, la cascina Cigada, le cascine Doppie con la Pulesa, la cascina Rosa, la cascina Pra' Buono, la cascina Malpaga, più alcune minori. In poco più di due chilometri quadrati di campagna, la presenza umana era dunque non indifferente, anche se concentrata all'interno di pochi nuclei abitativi.

Come per l'intero territorio, le notizie su queste cascine sono frammentarie, perché difficilmente erano teatro di eventi di qualche interesse per gli storici. Chi vuole scavare nel passato deve così addentrarsi in quel mondo contadino che ha sempre fatto di tutto per tenere lontani i curiosi.

LE CASCINE ACQUABELLA

Acquabella I, Acquabella II, Acquabella III e Acquabella IV: quattro cascine raggruppate nell'area dell'attuale piazzale Susa e dell'ultimo tratto di Plebisciti. Un'antica chiesetta ed una fontana che si trovavano all'altezza del 17 di corso Plebisciti davano all'inseme la struttura di un piccolo e grazioso villaggio. Alcune notizie di una Cascina Acquabella risalgono al Quattrocento (ma la prima data sicura è il 1566) e qualcuno ancora se ne ricorda oggi, perché l'ultimo colpo di piccone, che avrebbe cancellato definitivamente questa memoria secolare, fu dato negli anni Cinquanta del Novecento all'Acquabella III. Il complesso delle quattro cascine traeva la sua origine, come abbiamo raccontato nel capitolo precedente, da un fontanile presente in zona. In più, a causa dei dislivelli, l'acqua compiva alcuni salti che la ossigenavano, rendendola ancor più limpida.

Nel 1857 vivevano alle Acquabella almeno 150 persone. Nella cascina Prestino, che si trovava all'angolo tra gli odierni viale dei Mille e corso Plebisciti e che era in stretta relazione con il complesso, lavoravano altre 34 persone.

Una interessante testimonianza sulle cascine Acquabella viene dalla pubblicazione religiosa "Per il Bene" dei Padri Stimmatini che (ne parleremo più avanti) sono stati fin dagli inizi del Novecento presenza costante e 'lievito' dell'intera zona. Ecco cosa riporta il periodico nel numero 3 del settembre 1913.

"Era nostro vivo desiderio dare nel presente numero alcuni cenni storici intorno all'Acquabella, ma purtroppo, sia per la ristrettezza del tempo, sia anche perché effettivamente esistono pochissimi documenti riferentisi a questa plaga, non ci è possibile dare che qualche notizia intorno alla piccola Chiesetta, che sorgeva sulla strada ora denominata Corso Plebisciti.

Essa era il centro intorno a cui si svolgeva la vita degli abitanti di questa cascina, occupati nella coltivazione di fertili ortaglie e di ampie praterie per fornire erbaggi e latte alla vicina Milano, che un giorno col suo grandioso sviluppo, li avrebbe annoverati fra i suoi cittadini.

Queste brevi notizie furono rilevate da due documenti esistenti nell'archivio Parrocchiale di S. Maria del Suffragio, sotto la cui giurisdizione è oggi l'Acquabella.

Dal primo documento, riferentesi ad una visita pastorale compiuta nel Giugno 1745, risulta che l'Acquabella in quel tempo era già sotto la parrocchia di Calvairate.

Il nome dì Acquabella pare abbia avuto origine da un fontanino (ora distrutto) esistente presso la Chiesetta, ove solevano attingere acqua gli abitanti dei cascinali circonvicini ed i passanti; avvalora questa tradizione anche il fatto che la cascina ove esisteva la piccola Chiesa ed il fontanino si chiamava Acquabella I, mentre le cascine vicine si chiamavano rispettivamente II - III - IV. La Chiesetta, già dì proprietà del Collegio Patellani, era aperta al pubblico e funzionata di quando in quando, a se-

21

conda delle offerte dei terrazzani, giacché non esi-
stendo nessuna rendita e nessun legato, ad essi
colà toccava il provvedervi; qualora non preferis-
sero recarsi fino alla lontana chiesa parrocchiale
di Calvairate. Anche per questo non vi fu regolarità
nella celebrazione della S. Messa festiva, varie vol-
te sospesa. Finché nei 1898 la Chiesetta venne defi-
nitivamente chiusa.

Negli ultimi anni non si celebrava che qualche
volta, specialmente il 15 Agosto, festa dell'Assun-
zione della B. Vergine, alla quale era dedicata e
della quale anzi esiste una statua al naturale, in
terra cotta. Statua che assieme alla campana è ora
passata al Santuario della Madonna del Perpetuo
Soccorso.

Col nuovo piano regolatore, prolungatosi il Corso
Indipendenza il più bello, senza dubbio, e il più
maestoso per vastità e piantagioni di tutta Milano,
la Chiesetta fu demolita assieme alla cascina Ac-
quabella I, e l'ampia strada ivi formata sì denomi-
nò Corso Plebisciti.

In detto Oratorio nulla vi era di prezioso, né per
lavoro artistico né per antichità o storia.

Quando fu demolita si credeva di trovare tra le
fondamenta qualche documento relativo alla posa
della prima pietra, e si sperava che esso fosse la
chiave per conoscere l'epoca precisa della erezione
della Chiesa, e per trovare altre notizie, dietro le
quali si potesse poi ricostruire un po' di storia do-
cumentata, ma le speranze rimasero deluse. Per
quanto riguarda la popolazione dell'Acquabella ed

*i suoi costumi, si sa che gli abitanti furono in mas-
sima parte dediti all'orticoltura, vivendo pacifica-
mente, essendo buoni cristiani, religiosi e morige-
rati."*

La cascina Acquabella III

L'interno della Acquabella nell'Ottocento

LA CASCINA CIGADA

Le tracce di una cascina Cigada (o Zigada o Cicala, ed ecco probabilmente spiegato il nome) sono molto antiche. In un disegno del 1781 redatto da Giuseppe Antonio Pessina, viene raffigurata la rete dei fontanili di quella che oggi è l'area a nord di piazzale Novelli. La cascina si trovava all'attuale incrocio tra viale Giustiniano e viale dei Mille, e ad essa facevano capo diversi appezzamenti di proprietà del Conte d'Adda e del Luogo Pio della Carità che si dividevano i campi in modo piuttosto bizzarro fino alle Cascine Doppie (l'attuale piazza Leonardo da Vinci).

Non solo agricoltura, in questa cascina. Il sito web "L'officina dello storico" (officinadellostorico.it/pagina/l'officina) ci racconta di come alla Cigada l'acqua ad un certo punto iniziò a servire per altri scopi.

"Attraverso la documentazione (relazioni, atti di consegna in affitto, mappe, disegni, e più tardi foto d'epoca e censimenti), oltre ad emergere un paesaggio suburbano di cui oggi non c'è più quasi minima traccia, prende consistenza il profilo di un mestiere, quello dei lavandai, in parte dimenticato, ma appartenente a buon diritto alla tradizione milanese.

Per consuetudine, infatti, i panni a Milano non si lavavano in casa, ma all'aperto, preferibilmente appena fuori città, lungo le rogge e i canali che numerosi arrivavano a connotare persino il contesto urbano.

24

La vita dei lavandai era caratterizzata da consue-
tudini proprie, tramandate da un insieme di detti
popolari e modi di dire dialettali tuttora vivi nella
memoria collettiva, scandita da ritmi e attività ri-
correnti, che prevedevano ogni settimana il ritiro
dei panni al lunedì, le operazioni di lavaggio tra
martedì e mercoledì, fino alla riconsegna nelle case
a partire dal venerdì, sui carretti trainati dall'im-
mancabile cavallo di ogni impresa familiare.

Consuetudini radicate e ininterrotte fino alla metà
del secolo scorso, tramontate solo con la diffusione
degli elettrodomestici nelle case.

Un mestiere antico quindi che identificava i lavan-
dai, al pari di altri artigiani. Alla Confraternita dei
bugandaj, *nata nel XVIII secolo con sede presso la*
chiesa di Santa Maria delle Grazie sul Naviglio, nel-
la seconda metà dell'Ottocento subentrò la Società
Mutua Cooperativa Proprietari Lavandai, a ribadi-
re l'identità di classe di questi lavoratori."

Viene poi puntata l'attenzione sul *"contesto agri-*
colo e sociale tardo settecentesco di questo territo-
rio attraverso la storia della Sbianca Venini, l'im-
presa per "l'imbianco delle tele di Germania all'uso
di Varallo" avviata dallo stesso fittavolo Antonio
Venini presso la Cascina Cicala nel 1766. L'iniziati-
va assunse una discreta importanza, contribuendo
ad alimentare gli scambi commerciali con gli Stati
confinanti, fino ad ottenere esenzioni fiscali da
parte del governo austriaco grazie ad un dispaccio
della stessa imperatrice Maria Teresa."

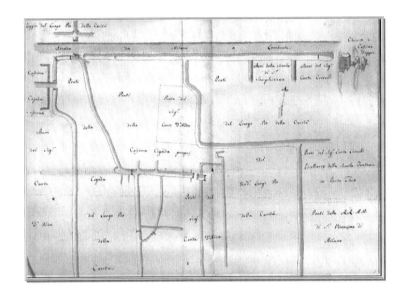

La mappa Pessina dei fontanili.
La Cigada è indicata in alto a sinistra

LE CASCINE DOPPIE E LA CASCINA PULICE

Un importante contributo alla storia dell'Acquabella e delle sue cascine viene da un eccellente studio svolto qualche anno fa dagli studenti della 4LB del liceo Virgilio di piazza Ascoli. Una parte del lavoro ha riguardato quella che oggi viene definita come "Città Studi" e che, ormai lo sappiamo, un tempo era come il resto attorno, campagna. Siamo un po' fuori dai confini ipotetici dell'Acquabella, ma restiamo comunque al di sotto della "strada per Bergamo" ritenuta po' la frontiera naturale dell'intera zona.

Qui c'erano le Cascine Doppie (corrispondenti all'incirca al Politecnico)

"Il nostro punto di avvio storico" scrivono gli studenti della 4LB *"è il 1636, quando un tale Giacomo Robbio nominò come proprio erede il Luogo Pio della Carità di Milano, ovvero un'istituzione fondata il 1 marzo 1442. Si trattava di un ente caritatevole, ovvero che organizzava l'assistenza ai più poveri e bisognosi, che all'epoca erano non solo numerosi, ma privi di qualsiasi servizio d'assistenza. Il Luogo Pio della Carità organizzava la distribuzione settimanale di pani di frumento e altri generi di prima necessità a questi sfortunati. In virtù del lascito di Giacomo Robbio l'istituzione entrò in possesso del fondo delle Cascine Doppie, ubicato nei Corpi Santi, ovvero quei territori che si trovavano attorno alla città di Milano, e che oggi sono parte*

integrante della città, i quali venivano considerati una sorta di Comune adiacente.

Un'ulteriore, significativa acquisizione da parte del Luogo Pio della Carità avvenne nel 1804, quando vennero acquistate le acque dei beni Carli, famiglia che era proprietaria di uno dei fondi. Questo fatto fu decisivo per decidere della destinazione d'uso dell'intero quartiere, ovvero la possibilità di irrigare l'intera proprietà, attraverso la costruzione di numerosi canali artificiali. L'obiettivo era quello di di trasformare tutti i prati in marcite."

Nella mappa Pessina del 1781 di cui abbiamo parlato a proposito della cascina Cigada compaiono anche "Chiesa e Cascine Doppie", disegnate come un piccolo agglomerato di edifici rurali. E come per la Cigada, anche alle Cascine Doppie si sarebbe presto sviluppata un'attività importante accanto all'agricoltura.

"Un ulteriore e rilevante ampliamento dei possedimenti dei Luoghi Pii Elemosinieri a est della strada di Loreto" continuano gli studenti del Virgilio *"ebbe luogo nel 1847, con l'acquisto della possessione di Pulice, un podere ceduto a Milano costituito da caseggiati. Lo scopo era principalmente di utilizzare le acque defluenti da altre proprietà in quanto l'approvvigionamento idrico continuava a essere un problema ricorrente per le Cascine Doppie.*

28

Anni dopo i poderi Cascine Doppie, Cicala e Puli-
ce assegnarono un affitto ai fratelli Giuseppe e
Luigi Raj. Al termine dell'annata agraria del 1907
l'affitto venne interrotto e gran parte del podere
Cascine Doppie e Pulice fu venduta al Comune di
Milano.

Queste vicende proprietarie, di cui approfittò un
ente dedito alle attività di carità, spiegano il moti-
vo per cui questa zona della città venne espressa-
mente dedicata all'attività dei "lavandai". Si trat-
tava di un'attività economica allora di particolare
importanza; necessaria per ogni abitazione, essa
era evidentemente difficoltosa per le condizioni
ambientali e per le difficoltà tecniche che presen-
tava. Lavare a mano stoffe di grandi dimensioni,
per assicurare un corredo adeguato dal punto di
vista igienico, avere la capacità tecnica di farlo in
modo efficiente, poter provvedere alla pulizia ma
anche all'asciugatura, era allora un lavoro impe-
gnativo, che necessitava di spazi adeguati.

È chiaro il motivo per cui una zona della città
venne espressamente dedicata a tale attività; essa
poteva concentrarsi solo laddove esistevano con-
centrazioni d'acqua adeguate; in base alla tra-
sformazioni di cui sopra, queste si ebbero soprat-
tutto nell'attuale zona di Città Studi.

I Lavandai si vedevano affittati dei luoghi specifi-
ci all'interno delle cascine, non proprio con con-
tratti economicamente vantaggiosi, e lì svolgeva-
no, insieme al loro intero nucleo familiare, che

ereditava l'attività generazione dopo generazione, il loro lavoro."

Per quanto riguarda la cascina Pulice in particolare, gli archivi milanesi contengono una ricchissima documentazione sui diversi passaggi di proprietà dal 1545 al 1900.

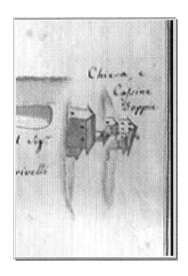

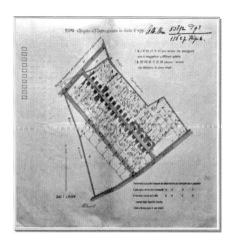

Rilievo dell'area destinata ai lavandai vicino alle Cascine doppie. 1890 circa

Lavatoi vicino alla cascina Pulice

LA CASCINA ROSA

All'estremità orientale dell'Acquabella (già fuori dai confini dei Corpi Santi e dentro il comune di Lambrate) c'era la cascina Rosa, che moltissimi ancora ricordano perché in zona è stata l'ultima a sparire non molti anni fa. Alcune strutture restaurate rimangono tuttora e fanno parte di un bel giardino botanico.

Le origini di questa cascina risalgono all'epoca dei Visconti, ma realtà e leggende, per tempi così lontani, si mescolano. Di certo nel 1637 venne acquistata, insieme a terreni, alcuni dei quali coltivati a vite, dalla famiglia nobile spagnola degli Ordogno de Rosales. Da qui il nome e non, come si poteva pensare osservandola, dalla gradevole tinta rosa scuro dei suoi muri.

La cascina ha lavorato fino a metà del Novecento, anche se man mano le attività agricole venivano sostituite da artigiani che vi installavano i loro laboratori. Quando nel 1983 il Comune di Milano acquisì definitivamente il complesso erano ancora riconoscibili la villa, il fienile, le abitazioni dei salariati, il granaio e le stalle. Seguirono anni di relativo degrado fino alla sua attuale destinazione come orto botanico sotto la direzione del Dipartimento di Bioscienze dell'Università degli Studi.

La Cascina Rosa

LA CASCINA PRA' BUONO

Ci troviamo all'estremo sud dell'Acquabella, area nella quale questa cascina entra di diritto proprio in forza del suo nome. I prati buoni infatti erano collegati alla qualità e all'abbondanza delle acque. Pochissime le tracce storiche di questa piccola unità agricola decentrata, che si trovava in corrispondenza delle attuali vie Lomellina, Zanella, Negroli e Monte Suello. A metà Ottocento era abitata solo da 29 persone, ma aveva attorno una discreta estensione di terreni, che confinavano con la Malpaga. Il caso ha voluto che questa piccola cascina dimenticata e senza storia rimanesse comunque nella memoria collettiva. Oggi si parla proprio di una "zona Pratobuono" per descrivere l'area alla fine di viale Corsica.

Interessante un'inserzione di vendita pubblicata sul *"Foglio di annunzj della Gazzetta di Milano"* il 22 luglio 1828.

Da Vendersi

Possessione detta Prato Buono, situata ne' Corpi Santi di Porta Orientale, parrocchia di Calvairate, composta da diversi pezzi di terra in un sol corpo, aratorio a vicenda, prato vecchio, ortaglia e caseggiato da fittabile e colonico, stalle, corte, aja, cascine ed altre comodità ed irrigabile con acque proprie della roggia San Gregorio, in tutto di pertiche 419,29, cens. c. 8759,5, mediante asta amichevole che si terrà il 7 agosto 1828, alle ore 10 antimeridiane, nello studio del sig. dott. Girolamo della Croce, sotto i capitoli ostensibili presso il medesimo."

LA CASCINA MALPAGA

Anche questa cascina è sopravvissuta fino ad oltre metà del Novecento. Si trovava al termine dell'attuale viale Corsica in prossimità dei Tre Ponti e oggi è stata sostituita da un condominio. Più nota per l'osteria omonima (ne parleremo), la Malpaga era ancora formalmente entro Il confine del Corpi Santi. (La Lombardia è piena di "cascine Malpaga", toponimo che da solo la dice lunga sulle condizioni di lavoro). A metà Ottocento vi vivevano 43 persone.

Qui partiva la strada per Monluè, attrattiva turistica in tempi lontani per i milanesi "dentro le mura" che vi si avventuravano con una certa eccitazione e qualche paura. Un po' il nome, evocativo di chissà quali misfatti, un po' l'acqua che ormai non era più così chiara e limpida (anche se l'osteria era specializzata in pesce), la Malpaga era una sorta di frontiera più mentale che fisica e tale è rimasta nel ricordo dei milanesi.

GUARDA UN PO' CHI SI AGGIRA
TRA QUESTE CASCINE...

"Cammina, cammina; trova cascine, trova villaggi, tira innanzi senza domandarne il nome; è certo d'allontanarsi da Milano, spera d'andar verso Bergamo; questo gli basta per ora. Ogni tanto, si voltava indietro; ogni tanto, andava anche guardando e strofinando or l'uno or l'altro polso, ancora un po' indolenziti, e segnati in giro d'una striscia rosseggiante, vestigio della cordicella."

E' un viandante molto particolare, questo che scappa da Milano e cerca di passare il più possibile inosservato. E' un impaurito Renzo, diretto a Gorgonzola e poi all'Adda. Appena fuori da porta Orientale segue proprio la strada che passava dietro alla Cascina Cigada e poi, curvando leggermente a destra, alle spalle delle Cascine Doppie.

Così l'Acquabella si è ritagliata un posticino addirittura nei Promessi Sposi (Cap. XVI)

36

LA VITA NELLE CASCINE

Cultura delle campagne

*****

Nell'introduzione al libro "Cascine attorno a Milano" (a cura di Chiara Pirovano, CUEM 2008), Giorgio Botta, già professore ordinario di Geografia all'Università degli Studi di Milano, racconta della struttura architettonica e sociale delle cascine disseminate nei Corpi Santi attorno alla città. Non si limita però a un generico ricordo, ma cerca (ed è lo scopo dello studio che si concentra sull'area sud del territorio comunale) le tracce che ancora oggi rimangono, soprattutto per quanto riguarda pratiche ed eventi tradizionali. Se l'Acquabella con il suo contorno di cascine è oggi sparita, non così si può dire di quel mondo ricco di umanità e di valori profondi.

"(La cascina della pianura lombarda era) una casa rurale di grandi dimensioni, a pianta quadrangolare. Al centro la corte, l'aia, dove si lavoravano, selezionavano, essiccavano soprattutto i cereali. Terminata questa fase, le granaglie venivano sistemate nei magazzini in attesa del consumo e della vendita.

Tutto intorno, a comporre il confine quadrangolare della costruzione, erano ubicati locali di diversa forma, decoro e funzione: dalla casa del padrone e della sua famiglia, a quella dei salariati, ai luoghi di ricovero per gli animali e gli attrezzi, e i magazzini.

38

La corte va intesa come luogo di lavoro, ma anche luogo di incontro e di festa della comunità, dopo il lavoro, ad esempio nelle lunghe serate estive. Dobbiamo infatti considerare che la cascina era residenza di una comunità: nella cascina vivevano i suoi abitanti, che potevano raggiungere l'entità numerica di qualche centinaio di persone. Vi erano le botteghe per le compere necessarie alla vita quotidiana, la scuola, la chiesa, dove la comunità si riuniva per partecipare alla liturgia delle feste religiose, e ad ogni altra funzione che riguardava le fasi della vita di ciascuno e di tutti.

Per "cascina" non si deve dunque intendere, come spesso erroneamente succede, solamente la parte di fabbricato che la rende visibile. Più propriamente si tratta di un organismo autosufficiente dove gli abitanti hanno eletto la loro residenza e svolgono le loro attività, realizzando dunque la loro esistenza.

L'ubicazione della cascina non era ovviamente casuale nello spazio rurale, ma rispettava criteri assai utilitaristici: sorgeva vicina ai terreni agricoli di pertinenza. Era comunque ben servita da una rete di strade, in modo da essere facilmente raggiungibile dai mezzi di trasporto del raccolto e, a sua volta, ben collegata al più vicino e importante centro urbano.

Città e campagna hanno sempre avuto rapporti complessi, creando comunque reciproche dipendenze. Ai tempi della rivoluzione industriale la città ha il sopravvento, le campagne si spopolano; le città che ospitano la nuova manodopera, si troveranno in difficoltà ad accogliere un gran nume-

39

ro di persone. Così, sorgeranno e si espanderanno
le periferie."

(...)

(Il testo fa qui riferimento alla zona sud di Milano, che non riguarda l'Acquabella, ma è interessante perché lì ancora restano buoni esempi visibili di come era la nostra area un tempo)

"L'area oggetto di studio di questa pubblicazione è da individuare nella zona sud di Milano. Questa parte del territorio milanese è da sempre incline, per vocazione, all'agricoltura. Infatti, uscendo dalla città in questa direzione, troviamo ancora oggi particolarmente ben sviluppate le colture, grazie a una naturale abbondanza di acque sotterranee - le risorgive - che in alcuni punti sgorgano in superficie e vanno ad alimentare le risaie e le ormai rare marcite. È pure da ricordare l'importante rete di canali, caratterizzata dai navigli, con acque di superficie anch'esse a vantaggio dell'agricoltura. Questo paesaggio è antico di secoli, ma tuttavia permangono ben individuabili ancora oggi le forme di un'attività agricola così anticamente organizzata ma persistentemente viva.

Anche la zona di cui ci siamo occupati, sotto la pressione di forti interessi del mercato immobiliare, è divenuta oggetto di speculazioni edilizie. Ma queste aree agricole, con grandi sacrifici da parte degli agricoltori, sempre a fare i conti con un domani troppo spesso incerto, cercano di resistere a queste sollecitazioni minacciose.

(...)

In queste piccole parti di campagna che resisto-

no attorno alla città, esistono dei soggetti sociali anomali, tanto rari e silenziosi, perché immersi in un impegno, per certi versi inusuale: sono i conduttori delle cascine, i loro aiutanti e le loro famiglie. Il loro lavoro, pur con il progresso tecnologico in atto, esige grandi sacrifici e non sufficientemente sostenuti dalla comune mentalità degli amministratori, dei politici e degli intellettuali. Tuttavia questi agricoltori mantengono vivi quotidianamente con le loro attività questi luoghi, difendendo la dignità del loro lavoro e delle loro esistenze.

Infatti, ai nostri tempi, i modelli economico-sociali in atto non promuovono di certo l'effettiva valorizzazione e difesa di questi luoghi. E così, un segno importante del territorio come la cascina viene, con molta difficoltà tramandato, più facilmente smarrito. Sarà sempre più difficile difendere certi momenti tradizionali, solitamente ospitati in cascina, per ricordare il passato, e che risultano gradevoli anche nel presente. Le pratiche tradizionali se negate, divengono, di per sé, "superate", e cosi si perdono nell'oblio.

Vogliamo ricordare alcuni eventi tradizionali che comunque i conduttori di cascine mantengono con grande coerenza, e che stanno per ridiventare tradizione, oggi.

San Martino, ogni anno, con le prime brume invernali, è occasione di festa. Nel passato, era la data in cui scadevano i contratti d'affitto, e quindi giorno di traslochi. Oggi, ogni 11 novembre, ci si ritrova in alcune di queste cascine per mangiare castagne, bere vino, e ascoltare ormai desueti *ma, sembrerebbe conosciuti da sempre, canti e musiche popolari. Oppure la novena di Natale, che si conclude appunto la sera della vigilia con canti natalizi e brindisi augurali. Sono inoltre da ricordare i falò di Sant'Antonio, il 17 gennaio, che come da antica tradizione, ardono numerosi sui terreni presso le cascine, come auspicio del benefico calore del sole che, scomparso con l'inverno, dovrà tornare a riscaldare i suoli gelati, favorendo la germinazione.*

Come si può vedere, gradevoli occasioni per forme di vita semplice e socializzante che è ancora vissuta da un buon numero di persone. Sono tracce di cultura e storia del territorio che non bisogna smarrire."

POESIA DI CAMPAGNA

Foeura de porta Luduiga on mia
su la sinistra in tra duu fontanin
e in tra dò fil de piant che ghe fa ombria
el gh'è on sentirolin
solitari, patetegh, delizios,
ch'el se perd a zicch zacch dent per i praa,
e el par apposta faa
per i malinconij d'on penseros.
Là inscì, via del piss piss
d'on quaj sbliz d'acqua che sbottiss di us'cioeu,
via d'on quaj gorghegg d'on rossignoeu,
e de quaj vers lontan, lontan, lontan
d'on manzett o d'on can,
no se ghe sent on ett
che rompa la quiett.

Carlo Porta ("Apparizion del Tass")

Un miglio fuori da porta Ludovica / sulla sinistra, tra due fontanili / e tra due filari d'alberi a far ombra / c'è un piccolo sentiero / solitario, malinconico, grazioso / che si perde zigzagando nei prati / e sembra messo lì apposta / per le malinconie di chi è perso nei suoi pensieri.

Là, fatta eccezione del sussurro / di qualche getto d'acqua che sgorga da un chiusino / di qualche gorgheggio d'usignolo / o di qualche verso lontano, lontano, lontano / di un vitellino o di un cane / non si sente niente / che rompe la quiete.

45

I CORPI SANTI

L'Acquabella, come abbiamo rilevato più volte, faceva parte del Comune dei Corpi Santi, una specie di singolare "ciambella amministrativa col buco" che circondava la Milano delimitata dalle mura spagnole. Anche all'interno dei bastioni c'erano orti e piccoli appezzamenti agricoli (sempre meno con il passare del tempo), ma sostanzialmente si può dire che Milano-dentro-i-bastioni era città e i Corpi Santi erano campagna.

Semplice.

Non tanto, se ci sono di mezzo i *danée*.

Nell'Ottocento il Comune di Milano guadagnava molto denaro, ogni anno, imponendo dazi alle merci che entravano in città dalle sedici porte che si trovavano lungo i bastioni. Alcune, come Porta Romana o Porta Ticinese restano ancora oggi nel vissuto cittadino. Altre come porta Tenaglia (Volta) sono in parte finite nell'oblio. Chi dai Corpi Santi entrava in città doveva per forza passare attraverso una di queste porte e se aveva con sé delle merci era obbligato a pagare un dazio. Che inevitabilmente si scaricava sul prezzo finale del prodotto.

Risultato: lo stesso chilo di ortaggi o quintale di grano acquistato a Milano costava molto di più dello stesso chilo di ortaggi o quintale di grano acquistato nei Corpi Santi. Vista così, caso piuttosto insolito, era molto meglio abitare il periferia, cioè in campagna dove tutto finiva per essere pagato di meno. Di più: anche allora esistevano i "frontalieri": gente dei Corpi Santi che veniva a lavorare in città e guadagnava a Milano soldi che poi spendeva nei Corpi Santi, dove il potere d'acquisto era maggiore.

I milanesi dentro-le-mura (al momento dell'Unità, Milano contava poco più di 196 mila abitanti e i Corpi Santi quasi 50 mila) non erano per niente contenti.

Negli anni Settanta dell'Ottocento la questione cominciò a farsi seria a causa di un fenomeno che potremmo definire di delocalizzazione *ante litteram*. Oggi per ridurre i costi si trasferiscono le aziende fuori d'Italia, allora più semplicemente bastava uscire dalla cinta muraria per risparmiare, ad esempio, sulle materie prime necessarie alle lavorazioni, materie prime non gravate dai dazi. Se a questo si aggiunge che la tassa sul reddito in città era molto più alta di quella del comune vicino, si può capire perché i milanesi attenti ai *danée* fossero piuttosto contrariati, per non dire di peggio.

I Corpi Santi erano quello che oggi potremmo definire un "paradiso fiscale". Del tutto legale.

Si mise allora di mezzo la politica e il tranquillo "comune ciambella" istituito nel 1782, con le cascine e i borghi agricoli, finì nel mirino della grande città e capì subito di avere i giorni contati. Il pesce grosso mangia sempre il pesce piccolo e l'8 giugno 1873 venne pubblicato il decreto reale numero 1413 che allargava Milano facendole inghiottire i Corpi Santi. Un tratto di penna mise fine in un attimo a quasi un secolo di autonomia (con qualche interruzione di epoca napoleonica).

L' Acquabella, almeno dal punto di vista amministrativo, venne smembrata e iniziò in quel momento a perdere un po' alla volta la sua identità. Le quattro cascine Acquabella, la Pra' Buono e la Malpaga finirono nella Ripartizione 4 del mandamento VII, mentre la cascine Cigada, Doppie e Pulice nella Ripartizione 5 del mandamento VII. La Cascina Rosa sfuggì alla cattura rimanendo aggregata al comune di Lambrate (che verrà annesso alla città molto più tardi).

Tutto questo però era solo burocrazia, perché non c'è documento amministrativo che possa cancellare la realtà dei fatti: così per molti anni ancora la zona fuori dai bastioni sarebbe rimasta campagna, e campagnoli i suoi abitanti, e sterrate le sue strade, e autosufficienti le sue cascine, e contadina la sua cultura. E forte, fortissima, l'intolleranza ai dazi imposti da quelli di città.

Se il nuovo "grande" Comune sperava di estendere automaticamente le norme fiscali anche ai nuovi territori aggregati, sbagliava. Il sistema delle imposte restò a lungo disomogeneo tra centro e periferia.

Nel 1881 vennero unificate alcune tasse, come quella su domestici e vetture, sui cani, e in particolare quella su vini e liquori. Ma era sempre troppo poco. Il risultato fu che i controlli si affievolirono sempre più e il fatto che dalle porte passassero merci "per uso personale" e quindi per regolamento non soggette a dazi, finì per complicare le cose anziché semplificarle.

Per mettere un freno al caos e ristabilire un po' di ordine fiscale si decise che gli operai provenienti dalla periferia potessero introdurre solo mezzo chilo di pane a testa per uso personale (in pratica per il pranzo). Questi lavoratori però erano abituati a portare con sé due pani per complessivi 760 grammi, due etti e mezzo in più del consentito. Avrebbero dovuto da un giorno all'altro rinunciarvi o pagare il dazio per il soprappeso.

O fame o soldi. Niente di peggio per scatenare una rivolta.

Nel 1886, a seguito di molte proteste, il Comune di Milano capitolò allargando la tolleranza, ma ormai, per così dire, la frittata era fatta (col pane). Per anni sotto la cenere covò un senso di frustrazione delle classi più povere, mentre la periferia in fase di trasformazione da agricola a industriale cominciava a vedere uniti nelle proteste, gli uni accanto agli altri, contadini e operai.

Nella seconda metà del 1897 la scarsità del raccolto dei cereali provocò un improvviso aumento del costo del pane. Il governo centrale agì con lentezza e stabilì una diminuzione provvisoria del dazio sul grano dal 25 gennaio al 30 aprile 1898, riduzione che tuttavia ebbe solo minimi effetti sul prezzo finale della michetta. Milano si sentiva presa alla gola, in senso reale e metaforico, e la situazione degenerò in fretta precipitando in pochi giorni. Sabato 1 maggio 1898 venne proclamato uno sciopero generale. L'adesione fu davvero imponente: agli operai degli stabilimenti di periferia si unirono quelli delle attività presenti in città, e poi i macchinisti dei tram, i negozianti, gli artigiani e con loro anarchici, repubblicani e socialisti. Furono erette barricate alle Porte Venezia, Vittoria, Romana, Ticinese e Garibaldi.

Il governo scelse incautamente di rispondere con la forza decretando lo stato di assedio e affidando i pieni poteri al comandante della piazza di Milano, un generale piemontese reduce dalle guerre di Crimea e di Indipendenza di nome Fiorenzo Bava Beccaris. Come andò a finire è cosa nota: per sedare i tumulti il vecchio militare non esitò a piazzare i cannoni per strada e a farli sparare. Ci furono 83 morti (81 civili, un agente di pubblica sicurezza e un soldato) e centinaia di feriti.

Alcuni scontri, che videro coinvolti studenti e operai provenienti da Pavia, ai quali si unirono i contadini, avvennero proprio all'Acquabella, con i manifestanti inseguiti dai soldati e rifugiati nelle cascine. 42 gli arrestati.

Corpi Santi addio. La storia, iniziata nella quiete dei campi, finì a cannonate.

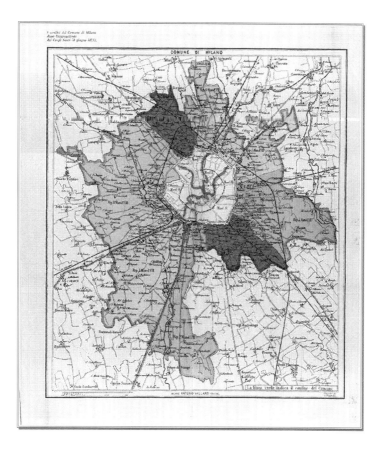

I Corpi Santi

RACCOLTA

DELLE

LEGGI, PROCLAMI, ORDINI ED AVVISI

Pubblicati in Milano nell'anno VI. Repubblicano.

TOMO IV.

LIBERTA' EGUAGLIANZA

MILANO

Presso Luigi Veladini in Contrada
S. Radegonda.

)o(1. Novembre 1797. v. s.)o(

Assegnazione ai sottonotati Rioni della rispettiva quota parte dei Corpi Santi di Milano

I Corpi Santi di Porta Orientale con Porta Tosa, e quelli di Porta Romana con porzione di quelli di Porta Vigentina tutti uniti vengono coerenziati.

A Levante dai Territorj di Cimiano, di Lambrate, Casanuova, e di Linate.

A Mezzo giorno dai Territorj di Marienco, Noiedo, Vajano, e Vigentino.

A Ponente dai suddetti Territorj di Vajano, e Vigentino in parte della porzione dei Corpi Santi di Porta Vigentina, che si unisce ai Rioni VII. e VIII. median-te la Strada, che dalla Porta Vigentina mette al suddetto luogo di Vigentino in parte dalle Mura di quella Comune, ed in parte dai Corpi Santi di Porta Nuova uniti ai Rioni III. e IV.

Ed a Tramontana dai Corpi Santi di Porta Nuova come sopra, e dai Territorj di Segnano, e dal Territorio di Turro.

Denominazione dei Fabbricati, e Cassine, che si trovano nei Corpi Santi di Porta Orientale con Porta Tosa, e nei Corpi Santi di Porta Romana con Porta Vigentina uniti ai Rioni V. e Vi.

Cassina Dugnani	Cassina Maina Pertusati	Osteria della Cazzola
Cassina Brentani	Cassina Maina di S. Vito	Cassina Pregarelia
Cassina Borroma	Cassina Maina Verri	Cassina Trepizzi Pallavi-alui
Altra Cassina Brentani	La Rumbera Lonati	
Cassina de' PP. Crociferi	La Gambota Castelli	Cassina Trepizzi Pini
Lavanderia Brentani	Acquabella Modroni	Cassina Bellizarda
Tre Case, e Cassina del Merlini	Acquabella Rosales	Cassina Mirabello
	Acquabella Patelani	Cassina Cà France Luraschi
Altra Cassina Brentani	Cassina Cassiona	Cassina Cà Franca di S. Raffaele
Tre Case de' PP. di S. Francesca	Cassina Regalia	Casino Scotti
Casino Rossi	Cassina Biscioja	Caiette de' PP. di S. Bar-naba
Cassina Rossi	Cassina Biscioja Lirta	Cassina Tistone
Cassina Coronetta	Cassina Biscioja Corta	Cassina Vezzoli
La Palazzetta	Cassina Malpaga	Cassina Caminella
La Valsicietta	Cassina Prato Buono	Cassina Mancatutto
La Valsicia Archinti	Cassina Cornaggietta Sor-mani	Cassina de' PP. di S. Bar-naba
La Rizzarola	Cassina Gornaggietta Vez-zoli	Cassina detto il Campo de' Trepizzi
La Belingera	Cassina Cornaggia	Mulinet Archinti
Cassina Lonati	La Senavra	Molino minore Archinti
La Rottorella	Cassina del Ceppo	Molino grande suddetto
Le Rottole Galimberti	Cassina Neviretto di S. Spirito	Molino della Folla
Le Rottole Vidierri	CassinaNeviretto Zucchetti	Cassina grande
L' Osteria delle Rottole	Cassina Neviretto Zanella	Cassina Porretti
CassinaVisconti alleRottole	Cassina Neviretto Bavara	Cassina Taglietto
Casa Scaccabarozzi	Cassina Mariena	Cassina Besani
Casa Giussani	Cassina Bicocca Vezzoli	Cassina Trecchi
Il Castelletto Forni	Cassina Bicocca Caminaghi	Cassina Palazzetta
Il Castelletto Viarola	Cassina Bicocca Alberti	Cassina Besana Clerici
Il Castello Pertusati	Cassina Bicocca di S.Alef-saodro	Cassina Colombé Betelli
Cassina Acquabella	Cassina Pilastrello di S. Eusforgio	Cassina Colombé Lampu-gnani
Osteria dell' Acquabella	Cassina Pilastrello di S. Barnaba	Cassina Malnito
Cassina Rossi		Il Caione
Cassine doppie		
La Cicala della Carità		
La Cicala Sperati		
CassinaMaina dell'Ospitale		Cas.

Cassina Spinetta	Cassina Peregalla Caimo	Cassina l'Olciello
Cassina S. Martino	Commenda di Malta	Cassina S. Lazaro
Cassina Boffalora per Mas-suno	Cassina Verde	Cassina Brioichina
	Cassina Gudarenza	Cassina Forponino
Cassina Colombé S Stefano	Cassina Beveradora	Le Case Votta Guardia
Cassina Colombé di S. Margherita	Cassina Tamborina	Cassina Cettello
	Cassina Rossi	Cassina Refarina
Cassina Callagai	Cassina Trinchera	Cassina Palazzo
Casotto Rasi	Le Cassine dette la Carità	Cassina Chiosio
Cassina Bernareggi	Cassina Colombera	Molino della Valle
Cassina Buracchetta	Le Cassine Pilastrello	Case nuove di S. Rocco
Cassina Gerazza	Cassina Magistrello	Osteria della Gambalotta
Cassina Paradisetta	Cassina Bianca	Cassina Muiono
Cassina Paradisa	Cassina Vignola	Cassina Mussecchino
Cassina Spinada	Cassina Colombirolo, ossia la matta	Cassina Ferrarezza
Cassina Cucagna		La Casa Vecchia Pensa
Cassina Pregarella	Cassina Gambalveta	Cassina Ghelmera

REPERTORIO ALFABETICO
DEI PAESI
DEL
REGNO LOMBARDO-VENETO

POSTI SOTTO L'AMMINISTRAZIONE

dell' I. R. Governo di Milano

CLASSIFICATO

per

Province, Distretti, Comuni e frazioni di Comuni

GIUSTA

IL COMPARTIMENTO TERRITORIALE

ANNESSO

alla Notificazione Governativa 12 febbrajo 1816.

Coll'aggiunta

di un Elenco nominativo di tutti i Luoghi abitati

componenti

i Corpi Santi della Città di Milano.

MILANO, 1816.

Nella tipografia di GIOVANNI BERNARDONI, corsia S. Marcellino,
n.° 1200.

CIRCONDARIO III.

CORPI SANTI DI PORTA ORIENTALE CON PORTA TOSA,
MALNOÉ E CASSINA DELLE ROTTOLE;
CORPI SANTI DI PORTA ROMANA CON PORZIONE DI
QUELLI DI PORTA VIGENTINA.

Vengono questi circoscritti:

A Levante dai territorj di CIMIANO, LAMBRATE, CASA NUOVA
e LINATE;

A Mezzogiorno dai territorj di MORSENCHIO, NOSEDO, VAJANO
e VIGENTINO;

A Ponente dai suddetti territorj di VAJANO e VIGENTINO, in
parte da quella porzione dei CORPI SANTI DI PORTA VIGEN-
TINA che è aggregata al Circondario IV, mediante la strada
suddetto, in parte dalle MURA DELLA CITTÀ DI MILANO,
ed in parte dai CORPI SANTI DI PORTA NUOVA, mediante
lo stradone che dalla Porta Orientale conduce a Loreto.

A Settentrione dai CORPI SANTI DI PORTA NUOVA come sopra, e dai territorj di SESSANO e di TURRO.

Acquabella Rosales	Casa Bernasconi vicino al Dazio
Acquabella Rosales con Lavan-	di Porta Orientale
deria ed Osteria	Casa Brioschi
Calvairate; Chiesa e Casa Par-	Casa Cadenera
rocchiale con altra Casa	Casa del Rocco
annessa	Casa del Rossi

Casa in Malnoé unita con Cas-	Cassina Bregarella
sina Polletta	Cassina Brentani
Casa Mazzacagni in Malnoé	Cassina Brentani (altra)
Casa Merlini	Cassina Brentani (altra)
Casa Merlini (altra)	Cassina Ca Franca dei PP. Bar-
Casa del Rossi	nabiti
Casa Rossi	Cassina Ca Franca di Casa An-
Casino all'Orcello, dirontro	noni
all'Osteria	Cassina Ca Franca di S. Raf-
Cassina Gazzeola	faele
Casino dei PP. Barnabiti	Cassina Ca Franca Luraschi con
Casino dei PP. Barnabiti al	Osteria
Testone	Cassina Calvairate
Casino della Fontata	Cassina Cantonella
Cassina della Madonna	Cassina Camporos
Casino Scotti	Cassina Casa Nuova
Cassina Acquabella con Chiesa	Cassina Case Vecchie
annessa	Cassina Casone
Cassina Acquabella Patelani	Cassina Casone (altra)
Cassina Bellisarda	Cassina Casotto Rasi
Cassina Benturini ossia Berna-	Cassina Cassinaccia
reggi	Cassina Castagneda
Cassina Bernareggi ossia Ben-	Cassina Castagnedo (altra)
turini	Cassina Castagnedo (altra)
Cassina Besana	Cassina Cattioni
Cassina Besana Curta	Cassina Cattonea
Cassina Besana Trolla	Cassina Cesera ossia Gerazza
Cassina Beveradora dello Spedale	Cassina Cesarina
Maggiore	Cassina Chalmera
Cassina Beveradora ossia Case	Cassina Chiodo S. Pietro
Basse	Cassina Chiodo S. Pietro (altra)
Cassina Bianca con Casino	Cassina Colombara
Cassina Rossca Alberti	Cassina Colombara (altra) ossia
Cassina Birocca Campinaghi	Navigletto
Cassina Birocca di S. Alessandro	Cassina Colombe Beretti
Cassina Birocca Verzeli	Cassina Colombe di sopra S.
Cassina Biscioina	Stefano
Cassina Boccioo Corti	Cassina Colombé di sotto con
Cassina Boccioja Litta	Lavandaria
Cassina Boffalora	Cassina Colombe di sotto S.
Cassina Boffalora ossia Com-	Margherita
menda di Malta	Cassina Colombarola detta la
Cassina Boffalorotta	Casa Matta

Cassina Cornaggetta	Cassina Navighetto, ossia Co-
Cassina Cornaggetta Sermani	lombara
Cassina Cornaggetta Vezzoli	Cassina Navighetto Villa
Cassina Cornaggia	Cassina Navighetto Zanella
Cassina Cornaggia (altra)	Cassina Navighetto Zucchetti
Cassina Coronetta	Cassina Navighetto Zucchetti
Cassina Corcagna	(altra)
Cassina Corcagna (altra)	Cassina Palcretta con Lavan-
Cassina Corcagna (altra)	deria
Cassina de' Croci	Cassina Paradisa con Lavande-
Cassina de' Croppi	deria
Cassina dei tre Molini de' Ver-	Cassina Parodiretta
talj	Cassina Pilastrello
Cassina delle Rottole	Cassina Pilastrello con Lavan-
Cassina delle Rottorelle	deria
Cassina Diempazza	Cassina Pilastrello con Prestino
Cassina Forni	Cassina Pilastro
Cassina Gambaloita con Pre-	Cassina Pollotta
stino	Cassina Prato Buono
Cassina Gambetta con Lavan-	Cassina Pregarella
deria	Cassina Pregarella Caima
Cassina Gambetta (altra) con	Cassina Pregarella, ossia Ter-
Prestino e Lavanderia	chio di Porta Romana
Cassina Gambetta (altra) con	Cassina Pulezza
tre Lavanderie vicino	Cassina Regalia
Cassina Gerazza ossia Cesera	Cassina Rottella
Cassina Gorgona con Comun	Cassina Rosca
di Palli.	Cassina S. Martino
Cassina Graffignana con altro	Cassina Spanela
Fabbricato	Cassina Spioretta
Cassina Grande	Cassina Tagliedo
Cassina Magistrella con Prestino	Cassina Tamborina
Cassina Maina dello Spedale	Cassina Testone
Cassina Maina Pernosti	Cassina Trepizzi
Cassina Maimeta Verzi	Cassina Trepizzi Pallavicini
Cassina Maraina Sarvito	Cassina Trepizzi Pini
Cassina Maluina con nuovo Fab-	Cassina Truchera
bricato	Cassina Vallazza Archinti
Cassina Malpaga con Osteria	Cassina Vallazza Archinti (altra)
Cassina Manegatutto	Cassina Vallazza Palcuzetta
Cassina Musocco	Cassina Verde
Cassina Navighetto	Cassina Vettabia
Cassina Navighetto (altra)	Cassina Vettabia Corbonini

Cassina Viola	Loreto ex-Convento
Cassina Zirada	Malnoé; Chiesa, Casa Par-
Cassino Deppio	rocchiale e Casa del
Cassino Deppio (altra)	Coadjutore
Cassinetta Faculaga	Malnoé della Folla
Cassino Volta Guardia in nu-	Malnoé della Valle
mero di cinque con	Malnoé grande Archinti
due Lavanderie	Malnoé minore Archinti
Castelletto di sopra	Orsello, Casa Beretta
Castelletto di sotto	Osteria alla Malpaga
Cimitero di Porta Romana con	Osteria dei Tre Mori
Caseggiato nel centro	Osteria della Birocca
Commenda di Malta, ossia Cas-	Osteria della Carità
sina Boffalora	Osteria della Gazzeola
Dispensa della Polvere, detta	Osteria dell'Acquabella
la Polverra	Osteria della Gambaloita con
Fabbricato con Lavanderia ap-	altro Caseggiato
partenente alla Senavra	Osteria delle Rottole
Fabbricato nuovo Merini, vici-	Osteria di Malnoé
no al Dazio di Porta	Osteria ed Albergo di S. Giorgio
Tosa	con Fabbricato annesso
Fabbricato nuovo Manfrini con	Osteria Nuova vicino al Dazio
Prestino, vicino al Da-	di Porta Tosa
zio di Porta Tosa	Palazzo Brioschi
Fabbricato (primo) vicino al	Polverera (la), ossia Dispensa
Dazio di Porta Ro-	della Polvere
mana	Santa Francesco Romana; Chiesa
Fabbricato (secondo) vicino al	e due Case Parrocchiali
Dazio di Porta Ro-	Santi Rocco ed Acqualuee; Chiesa
mana, con Osteria	e Casa Parrocchiale
Lavanderia Acquabella	Scuola Veterinaria
Lavanderia Berroni	Senavra (la); ossia lo
Lavanderia Brentani	Spedale della Senavra

GUIDA STATISTICA

DELLA

PROVINCIA DI MILANO

1857

MILANO
PER LUIGI DI GIACOMO PIROLA.

Segue il Comune de' Corpi Santi.

Frazioni e Cascinali	Popolazione	Numeri comunali di ciascuna frazione

Circondario IV. di porta Tosa

Frazioni e Cascinali	Popolazione	Numeri comunali
Cascina Tagliedo	71	424
idem Grande	50	425
Caseggiato e Malnoè	175	426 al 437
Cascina Paletta	41	438
idem Biscioja	47	439 al 442
idem Malpaga	43	443
idem Prato Buono	29	444

Segue il Comune de' Corpi Santi.

Frazioni e Cascinali	Popolazione	Numeri comunali di ciascuna frazione
Cascina Testone	24	493
Caseggiato di Calvairate	112	494 al 498
Cascina Castiglioni	12	499
idem Regaglia	46	500
Senavra	14	501 e 502
Cascina Giglio	5	504
idem Naviglietto	128	505 511 e 512
Dazio di porta Tosa	227	505 A al 509
Cascina Colombara	16	510
Osteria e Cascina del Pellegrino	14	513 e 513 A
Cimitero di porta Tosa	8	514
Cascina Marcona	32	515 e 515 A
idem Gambetta	52	515 B e 517
idem Acquabella nuova	24	517 A
idem Prestino	54	518
idem Acquabella	126	519 al 523
idem Majna	68	524 al 526
Casino dell' Angelo	75	527
Staz. della strada ferr. per Treviglio	5	527 A
Totale	**2699**	

Segue il Comune de' Corpi Santi.

Frazioni e Cascinali	Popolazione	Numeri comunali di ciascuna frazione
Cascina Cominella	70	445
idem Mancolutto	16	446
idem Trecca I.	29	447
idem idem II.	4	448
idem Castagnedo I.	55	446
idem idem II.	51	450
idem Vajrera	8	451
idem Colombè di sotto	5	452
idem Colombè di sopra	10	453
idem Colombè I.	11	454
idem idem II.	12	455
idem Boffalora I.	55	456
idem idem II.	13	457
idem idem III.	14	458
idem Maleido	2	459
idem Bessca	16	461
idem Palazzetta	55	462
idem Spinetta	51	463
idem S. Martino	10	464
idem Bellinzarda	10	465
idem Trepiardi I.	34	465
idem idem II.	24	466
Cascina Cassee	31	469 e 470
idem Pregarella	38	471
idem Canavela I. II. e III.	36	472 al 474
idem Cornaggetta I.	25	475
idem id. II.	54	476
idem id. III.	9	477
idem Cornaggia	42	478
idem Pilastrello I.	57	479
idem id. II.	48	480
Caseggiato Bicocca	250	481 al 485
idem Casa Franca	141	486 al 489
Cascina Caprotti	7	490
idem Casino	27	491
idem S. Barnaba	8	492

LA CHIESA

"ANDATE ALL'ACQUABELLA..."

Missione in terre nuove

Agli inizi del Novecento, con il quartiere in lenta trasformazione, che sta a poco a poco abbandonando la sua vocazione agricola sotto la spinta dell'industria e della necessità di case, all'Acquabella arrivano i padri Stimmatini (una congregazione veronese a vocazione missionaria), inviati dal vescovo di Milano per "assistere spiritualmente" la gente nuova della zona. Non si tratta solo di istituire una parrocchia o di costruire una chiesa: si tratta di creare un legame stretto e profondo con la realtà sociale che si va formando.

Le chiese da cui dipendeva l'Acquabella nell'Ottocento erano molto lontane: Santa Maria del Suffragio a sud (lungo l'attuale corso XXII marzo), Santa Francesca Romana a nord ovest (all'inizio di viale Regina Giovanna) e poi più lontano Monluè a est e Calvairate a sud est. C'era, lo abbiamo visto, la piccola cappella accanto all'Acquabella I, lungo l'attuale corso Plebisciti, ma funzionava in modo discontinuo ed era isolata nella campagna.

E poi, la chiesa non è un edificio, grande o piccolo, bensì una comunità di vita che opera tra la gente, in un territorio.

Questo mancava e di questo si sentiva il bisogno.

In un libro pubblicato qualche anno fa, dal titolo "Santa Croce di Milano. Una comunità in cammino da 100 anni" e realizzato dalla parrocchia, Claudia di Filippo Bareggi racconta così la storia dell'arrivo dei padri Stimmatini all'Acquabella.

63

"Alla vigilia dell'Unità, (Milano) era una piccola città: il nucleo antico ancora chiuso dai Navigli e fitto di viuzze contorte, una zona esterna che giungeva alle mura solcata da vialoni che conducevano alle porte attorno alle quali sorgevano i borghi - o Corpi Santi - e, tutt'intorno, prati e coltivazioni. All'esterno, la provincia, ricca di campi, ma anche di abitati collegati da una fitta rete stradale con la città, centro di mercato, smistamento e raccordo con le aree più lontane. E, un po' alla volta, Milano sarà capace di attirare capitale umano ed economico diventando sede di opifici destinati a trasformarsi in industrie. Furono passaggi con un elevato costo sociale pagato soprattutto dai ceti popolari: povertà diffusa, lavoro pesante (10-12 ore giornaliere) e mal retribuito, abitazioni malsane e sovraffollate.

Molte le manifestazioni e i tumulti in piazza contro un insopportabile aumento del carovita: proprio a Milano nacquero, non a caso, le prime associazioni socialiste. Ma anche il mondo cattolico si stava muovendo. Sempre a Milano si tenne nel 1897 il primo Congresso dei Cattolici italiani con centomila convenuti da tutta Italia. E, seguendo le direttive della Rerum Novarum di Leone XIII (1891), qui Toniolo - beatificato nel 2012 - fonderà nel 1920 l'omonimo Istituto da cui nascerà nel '21 l'Università Cattolica del Sacro Cuore.

Milano fu insomma il luogo in cui tutti questi fenomeni presero forma in modo anticipato, e anche quella che maggiormente ne soffrì, perché se la cit-

tà cresceva e nuovi quartieri si edificavano, l'inur-
bamento era dovuto a una serie di cattivi raccolti
che spingevano in città i contadini, ma l'aumenta-
ta offerta di braccia di lavoro portava con sé una
miseria alla quale non si rispondeva che in modo
repressivo. Nel 1898, la folla che protestava per
l'aumento del prezzo del pane dovuto anche a una
tassa governativa venne presa a cannonate dal ge-
nerale Fiorenzo Bava Beccaris. E durante queste
quattro giornate di maggio, come nelle più famose
cinque del marzo 1848, moltissimi furono i sacer-
doti (fra cui don Albertario) e i religiosi schierati a
fianco della popolazione. La nostra zona fu di fatto
occupata militarmente, e particolarmente dram-
matico fu l'assalto a cannonate al convento dei
Cappuccini di viale Piave, già dediti alla distribu-
zione giornaliera di cibo, e nel quale una soffiata
aveva fatto localizzare la presenza di parecchi ri-
voltosi: più di cento i morti, fra cui due frati, e
quattrocento i feriti.

E' in questo clima che gli Stimmatini vengono chiamati a Milano dal vescovo Andrea Ferrari. Nel 1903 li troviamo in via
Cellini a reggere un pensionato per operai. La zona è poco
fuori della cerchia muraria, ma sta già inurbandosi velocemente e l'accoglienza ai nuovi immigrati, che convergono in
città dalla campagna o da ancor più lontano, richiede impegno e costante presenza. Non basta. Il processo di trasformazione dell'area rurale sembra inarrestabile e si avverte la necessità di spostarsi più all'esterno e i padri si trasferiscono in
una periferia ancor 'più lontana', all'Acquabella appunto, lasciando il pensionato di via Cellini.

Le Acquebelle: una zona in cui si costruiva e dove all'epoca iniziavano a sorgere agglomerati di casette e caseggiati più elevati che, via via, toglievano spazio agli orti. Si trattava quindi di una periferia da curare con attenzione... E proprio qui, già dal 1905, era stato acquistato dai Padri il terreno detto la busa *(buca). Il loro Diario testimonia in modo semplice e commuovente la vita più che sobria davvero povera dei Padri nella loro prima sede, e insieme la loro accogliente fraternità, il loro quotidiano mettersi nelle mani del Signore, la capacità di gioire delle piccole cose della vita. In una baracca di legno assai precaria, del tutto simile a quella che ospitò la prima comunità stimmatina a Parma, i Padri vissero due anni circa: subito molto apprezzati nel territorio, se nella visita di Ferrari del 1906 le Benedettine di via Bellotti già li citano come loro cappellani o assistenti.*

"Andate all'Acquabella dove stanno sorgendo nuove abitazioni e dove si prevede che, fra non molto, tutta la zona sarà occupata da innumerevoli caseggiati. Assistete spiritualmente quella brava gente, come voi sapete fare."

Con queste parole Andrea Ferrari mandò i Padri all'Acquabella Seconda. Il vescovo aveva ragione. E, nel febbraio 1908, con l'aiuto economico della Diocesi, gli Stimmatini si trasferiscono in via Goldoni aprendovi un nuovo pensionato, per operai ma poi anche per gli studenti che ormai venivano a studiare in città.

LA PICCOLA CHIESA DI FRONTIERA

Sempre nel 1908, l'annuario diocesano cita, vicina al pensionato, la chiesa provvisoria della Madonna del Perpetuo Soccorso all'Acquabella (fuori Porta Manforte). E' una storia interessante. Nel 1906, in occasione dell'apertura del traforo del Sempione, si era tenuta in città una Esposizione Internazionale particolarmente importante - una Expo del tempo, diciamo -, terminata la quale molti apparati vennero smobilitati e venduti. Fu così che quello che era stato un padiglione rotondo dell'Expo fu acquistato in saldo dai Padri divenendo una piccola chiesetta circolare -la Rotonda-, aperta al culto nel febbraio del 1907 con la benedizione del cardinale e dedicata alla Madonna del Perpetuo Soccorso in onore dell'antica icona veronese posta sull'altare.

Bisognava certo accontentarsi: il tetto era di zinco; il perimetro aveva sostegni metallici riempiti di legno esternamente e di mattoni all'interno; un'aggiunta di mattoni serviva per riparare il sacerdote e ottenere una minuscola sacrestia. Ed era poi ben piccola questa Rotonda: un diametro di 16 metri, otto banchi in tutto, più l'altare e un piccolo armonium, anch'esso dono veronese. Sulla destra, quattro antenne sostenevano la campanella, unico arredo superstite della citata chiesetta dell'Assunta, che ancor oggi, discretamente, ci ricorda a mezzogiorno e sera il momento della devozione mariana.

La chiesa della Madonna del Perpetuo Soccorso. Un vecchio padiglione in legno recuperato dall'Expo di Milano del 1906. Sotto l'ubicazione della chiesetta (il tondo sotto la ferrovia) nell'area oggi occupata da Santa Croce

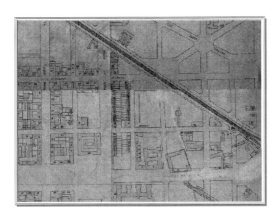

Il lavoro dei padri all'Acquabella non è dei più semplici. Le visite pastorali segnalano molti problemi, come sempre accade quando due culture diverse (quella contadina e quella cittadina, la prima agricola, la seconda industriale) entrano in contatto forzato. Si parla in generale di "trascuratezza nella vita della fede", ma gli Stimmatini riescono ad integrarsi fin da subito nel nuovo contesto con progetti pastorali formativi in collaborazione con le parrocchie vicine. Il pensionato funziona bene e si apre agli studenti, anche sotto la pressione della vicina Città Studi in rapida crescita.

Il mondo cambiava in fretta. La chiesetta della Madonna del perpetuo Soccorso ormai non bastava più. Riprendiamo dal volume " Santa Croce di Milano. Una comunità in cammino da 100 anni".

Per fare le cose sul serio occorreva una vera chiesa. E Ferrari, che ne aveva già fondato una ventina, pensò alla nostra facendo coincidere l'evento con il ricordo del XVI centenario del cosiddetto Editto di Milano di Costantino che, nel 313, permise ai cristiani di uscire dalla clandestinità. L'operazione era partita nel maggio del 1912, quando all'allora superiore Pio Gabos il vescovo aveva comunicato la sua decisione, accompagnandola con una buona somma per l'inizio dei lavori. Oltre la commissione arcivescovile che ne teneva le fila, molti si impegnarono per dar vita a un progetto al quale si lavorò senza interruzione sino al 1920. Signori benestanti della Città, ma anche gente comune del quartiere: tutti riuscirono a raccogliere fondi per sostenerlo. Numerose furono le offerte di marmi, i candelieri stupendi, le ostie, vino e ceri regalati.

*Vendendo mattoni e grazie a una lotteria si provvi-
de anche a sedie, tovaglie e biancheria e persino il
battistero trovò un donatore... La prima pietra fu
messa da Ferrari il 28 settembre 1913."*

La prima abitazione dei padri Stimmatini all'Acquabella

LA NUOVA CHIESA

Ed eccolo, il racconto in diretta della posa della prima pietra. Il testo è tratto da "Per il Bene – Bollettino mensile dell'erigenda Chiesa di Santa Croce nel rione Monforte-Acquabella", periodico dei padri Stimmatini. Siamo nel 1913 e dunque si perdonerà una certa retorica, tipica del tempo. Quel che più interessa, piuttosto, è osservare il clima di grande festa che l'estensore dell'articolo, retorica a parte appunto, coglie in pieno e che dà bene il senso di comunità che si viveva nel quartiere e nella quale andava ad inserirsi la nuova chiesa di Santa Croce.

Preparazione.

Con un concorso straordinario di popolo si iniziarono all'Acquabella le feste che si tengono in preparazione a quella solenne che, sarà celebrata domenica prossima da S. Em. il Cardinal Arcivescovo colla posa della prima pietra dell'artistico tempio, che sorgerà ivi a perenne memoria del XVI centenario costantiniano. E fu questo appunto che venne commemorato, come portava il programma. La commemorazione fu tenuta nel grande salone dell'Istituto Bertoni dei Padri Stimmatini, parato con pompa straordinaria e decorato dai ritratti di Sua Santità Pio X e del Cardinal Arcivescovo: campeggiava pure in mezzo a bandiere tricolori lo scudo di Milano.

(...)

La Chiesa provvisoria della Madonna del Perpetuo Soccorso è messa a festa. La Vergine troneg-

71

gia ilare e bella in un mare di fiammelle elettriche che dal bravo Cinquanta del nostro Oratorio intrecciate a fiordalisi, a rose, a gigli, a viole e mortella le fanno graziosa corona.

Nel vasto piazzale dove sorgerà la Chiesa è un formicolaio di fanciulli, che strappano l'erba, che trasportano piante di fiori, nascondendone qualcuna furtivamente nel piccolo seno per portarla alla sorella che l'esporrà alla veranda della casa domestica : è un affaccendarsi d'operai e di persone di buona volontà a scavar la fossa della prima pietra che, donata dal Signor Francesco Comolli, a cui mandiamo il nostro grazie, giace nella sua dura mole, presso l'Istituto, oggetto di curiosità e quasi di religiosa venerazione a chi può darle una sbirciatina almeno: altri instancabili rizzano antenne, che sventolano il tricolore all'aria, le fasciano di cotonina rosea, ornano finestre e muri, mentre via Goldoni ed il viale che conduce alla Chiesa si adornano di magnifici archi, dove il buon gusto d'arte, le centinaia di lampadine elettriche, i variopinti festoni, unendosi ai drappi, posti alla facciata e inneggianti alla bella Croce che troneggia sulla cupola della Chiesola ti danno un incanto di paradiso.

Nell'Istituto intanto il bravo pittore Fevini, l'artista modesto e laborioso, al cui merito ci gode l'animo dì tributare colla riconoscenza del cuore, la lode sincera e plaudente, coadiuvato dal gioviale Venezia è tutto intento a dipingere la seguente iscrizione, dettata da D. Pio Gabos:

Alla Croce di Cristo
Che
Auspice un Em. Principe di S. Chiesa
E la magnanima Cattolicità
Del Clero e Popolo Milanese
Forte e grande di avite credenze
Qui avrà oggi
La base di un monumento
Che narrerà ai posteri la fede de Padri
L'inno perenne
Di preghiera, di plauso, d''amore.

Il 28 Settembre

E siamo all'alba del giorno memorando albo signanda lapillo *!*

È annuvolato e si è in trepidazione.

Che farà il tempo alla sera ?

Le vecchie campanelle dal noto suono argentino, sostenute dalle due rozze antenne elevantesi verso la strada ferroviaria, quasi a curiosa, ma non bella rèclame commerciale, suonano a festa, annunziando lo storico avvenimento augurato e desiato da tanti cuori. La gente comincia a formicolare per le strade, sul piazzale della Chiesa. Prima di entrare nella sacra Chiesuola di legno, si fermano tutti a guardare la pietra, che sostenuta da una grossa catena, raccomandata a tre alte e forti antenne, sta librata sulla fossa, accanto alla quale sorge un grandioso padiglione adorno di drappi e rallegrato da un'infinità di magnifici vasi di fiori e piante d'ogni specie.

Il Momento solenne.

E siamo all'ora sospirata. Il tempo è sereno: si è in giubilo. I voti ardenti di tanti cuori — oh con qual fervore li avevano alzati al cielo — furono esauditi. Lode a Dio !

Do uno sguardo all'immensa spianata: è uno spettacolo imponente e maestosamente superbo. Le vaste tribune, disposte ad anfiteatro sono numerose : vi è quella della Commissione Arcivescovile, del Clero secolare e regolare, del Comitato Femminile delle feste costantiniane, della Direzione Diocesana, del Comitato rionale delle Associazioni cattoliche, degli Oratori maschili, dei benemeriti delle nostre opere, della Stampa e della Croce Bianca per soccorsi d'urgenza.

Cominciano a popolarsi fino delle ore due del pomeriggio: e la funzione sarà alle 4 e mezza! In poco tempo non trovi un posto a pagarlo un occhio. Si vedono gruppi di gente sulle finestre, sui coperti, grappoli di monelli pendenti dagli alberi. E deve arrivar ancor la folla che in corteo precederà il Cardinal Arcivescovo! Sono migliaia e migliaia di persone! Chi può contarle? E la gente continua a venire. È piena zeppa la via Goldoni, dove un mugolo di guardie furono mandate per l'ordine pubblico.

La strada ferroviaria, magnifica posizione che sovrasta al luogo dove sorgerà la Chiesa, dovrebbe esser sgombra, perché è continuamente percorsa da treni che provengono e vanno sulle linee di Venezia, di Bergamo, di Bologna, di Genova. Ma chi può tenere il popolo? In un momento an-

che quella strada la vedi formicolare di teste umane.

E qui lasciamo la parola al giornale l'Italia : "Lo spettacolo è imponente, indimenticabile per le proporzioni grandiose che testimoniano la fede vivissima delle nostre popolazioni sempre affezionate alle credenze dei nostri maggiori. Che moltitudine immensa! dove collocarla?... Ad un tratto lo steccato, che separa lo spazio lasciato libero della Chiesa dagli invitati è sorpassato. Fu una fortuna! Il Cardinal sorride, i giovani posti per l'ordine che fino a quell'istante era inappuntabile, incrociano le braccia e si danno per vinti, stringendosi intorno al palco di S, Eminenza, perché almeno questo non fosse preso d'assalto. Si avvera ancora una volta il detto evangelico: i primi saranno gli ultimi: gli ultimi i primi.

(...)

Il Cardinale fatta breve adorazione al Santissimo nella Chiesuola provvisoria che servì già per tante opere meritorie di fede alle quali si prestano con interesse ed abnegazione encomiabili quei bravi religiosi si avvia verso il palco dove la gentile fanciulla Fernanda Cantoni, figlia del segretario del Comitato rionale, bianco vestita recita con spigliatezza e brio e con una grazia attraente una bella poesia d'occasione ed offre un mazzo di fiori a S. Eminenza, il quale regala la giovinetta d'una bella medaglia. .

Quindi ascendeva il palco dove gli erano presentati l'ing. Arpesani e i capomastri Ferraresi e Gandini. Compiva poi il sacro rito, la firma della

pergamena, la benedizione della pietra e del ter-
reno tracciato, dove saranno poste le fondamen-
ta, al canto delle litanie dei Santi e del Veni Crea-
tor."

La nuova parrocchia di Santa Croce, che incorpora parte dei territori del Suffragio, di S.Francesca Romana, del Redeentore e di San Martino di Lambrate, verrà aperta con rito solenne il 24 dicembre 1917. L'erezione canonica (l'atto ufficiale che rende la parrocchia personalità giuridica ecclesiastica pubblica) con l'adozione ufficiale del rito ambrosiano, avverrà nel luglio 1920.

La chiesa di Santa Croce con i binari e (sotto) senza

STORIE

IL BREFOTROFIO

Ci piace pensare che l'Acquabella abbia in qualche modo nel suo codice genetico una sorta di "vocazione sociale" e che i valori di contiguità e solidarietà del mondo contadino che vi ha abitato per secoli non siano andati perduti del tutto con l'invasione della città. Colpisce il fatto che il primo impegno dei padri Stimmatini, qui inviati "in missione" agli inizi del Novecento, sia stato quello di realizzare un pensionato per operai *prima ancora* di una grande Chiesa. La piccola chiesetta provvisoria, la rotonda recuperata dall'Expo del 1906, poteva bastare ancora per un po'. Il pensionato, radicato nel tessuto sociale del nuovo quartiere che andava formandosi aveva la precedenza.

Mentre accadeva questo, sempre agli inizi del Novecento, un'altra struttura sociale di grande importanza, una delle eccellenze milanesi, trovava posto proprio all'Acquabella tra corso Plebisciti, viale Piceno e piazzale Dateo (nome non casuale): il Brefotrofio.

Dire che la città sia stata sempre all'avanguardia nei brefotrofi è decisamente riduttivo. Perché secondo la tradizione, Milano è stata, in questo campo, la prima al mondo e in tempi antichissimi: qui l'assistenza ai bambini esposti ebbe inizio addirittura nel 787 in epoca carolingia, con l'apertura del primo brefotrofio, per iniziativa dell'arciprete Dateo.
Una storia lunga, insomma.

Fin dall'epoca comunale alcune istituzioni, come gli Ospedali di Santo Stefano e di San Celso si erano prese carico dell'assistenza all'infanzia abbandonata o bisognosa. Queste strutture furono poi aggregate a metà del Quattrocento all'Ospedale Maggiore. Il Ricovero di san Celso in particolare si occupò direttamente del problema, secondo le regole della Ca' Granda fino al 1671, quando fu chiuso e gli assistiti concentrati in due aree specifiche dell'Ospedale Maggiore. Nel 1689 apparve la famosa ruota per il ricevimento anonimo dei bambini abbandonati.

La struttura funzionò per molti anni, fino al 1780 quando per disposizione dell'imperatrice Maria Teresa d'Asburgo venne fondata la Pia Casa degli Esposti e delle Partorienti in Santa Caterina alla Ruota, nell'ex monastero omonimo lungo il Naviglio, di fronte alla Ca' Granda.

Nel 1868, fatto di grande rilevanza, la ruota fu chiusa e la casa cambiò nome in Ospizio Provinciale degli Esposti e delle Partorienti, poi chiamato in via definitiva Brefotrofio Provinciale.

Quando agli inizi del Novecento gli istituti legati all'ostetricia furono riorganizzati, si penso' di costruire una nuova sede per il Brefotrofio. Impensabile riadattare quella precedente, in pessimo stato. Bisognava operare *ex novo* e le autorità cominciarono a guardarsi intorno per trovare un buon terreno, non necessariamente in centro, da acquistare e destinare al nuovo edificio per il quale c'erano ambiziosi progetti.

Venne individuato un vasto terreno libero nella zona dell'Acquabella, all'inizio di corso Plebisciti, in un'area che andava popolandosi e trasformandosi in fretta, abbandonando la sua destinazione agricola. Lì sarebbe sorto il nuovo brefotrofio, con caratteristiche innovative. Dopotutto Milano doveva essere all'avanguardia.

Ora interrompiamo la nostra storia per una divagazione. Nel corso delle ricerche per questo libro è venuto all'attenzione un curioso studio realizzato a Napoli nel 1873 in cui si parla proprio dell'approccio "milanese" alla questione dei bambini abbandonati. Il testo ha in sé spunti curiosi di ammirazione per il modello nordista.

Le pagine che seguono sono riproduzioni del libro, di cui qui riportiamo il ridondante frontespizio

---

I BREFOTROFI E LA ESPOSIZIONE DEI BAMBINI

Relazione presentata al Governo della R. Santa Casa dell'Annunziata di Napoli

dal Prof. Cav. Nicola De Crescenzio governatore del detto Stabilimento e prof. Pareggiato della R. Università degli Studi di Napoli

NAPOLI Stabilimento Tipografico di Francesco Giannini via Museo Nazionale,1 – e cisterna dell'Olio, 5

---

tosto che ad uno? Tranne un incomodo maggiore, la questione può ridursi a queste meschine proporzioni.

Con tutto ciò, perchè la prevenzione è grande, vogliamo darle anche noi quella importanza, che da molti vi si annette, ed incominciamo a guardarla dal lato del fatto, cioè ad indagare quali effetti questo sistema di presentazione abbia prodotto nei luoghi ove esso attualmente funziona.

Nelle province dove non vi sono brefotrofi, e mancano pure le ruote, presentare il bambino all' uffiziale dello Stato Civile e farlo iscrivere nei registri, come nato da genitori ignoti, è la cosa più facile di questo mondo; lì non si pensa nè si può pensare ad un sistema diverso. In Milano, dove questo sistema funziona sin dal 1868, non solo non ha prodotto inconvenienti di sorta, ma ha fatto discendere, come si è veduto, la esposizione a minime proporzioni. Non è l' abolizione del torno che ha messo il brefotrofio di Milano innanzi a tutti gli altri, e siffattamente da citarsi a modello, ma il suo sistema di presentazione. Torino, che anche ha infranto il torno, con un sistema di ammissione tutt' altro che semplice non ha ricevuto tutti quei vantaggi che ha ottenuto l'ospizio provinciale di Milano; Ferrara, che fu la prima ad abolire la ruota, con un sistema semplice di ammissione vede la esposizione piuttosto in aumento in guisa, che il Fabrini ora reclama altamente la presentazione documentata.

Perchè in Napoli non si potrà fare lo stesso? sono le condizioni speciali della città di Milano, che hanno reso colà possibile questo sistema di presentazione, ovvero è il sistema stesso che non offre in sè tutte quelle difficoltà che la immaginazione di qualcuno può dipingere?

Sono convinto che quest' ultimo punto sia il vero.

Imperciocchè, le condizioni della esposizione di Milano erano molto più gravi di quelle, in cui versa la città di Napoli ; l' abuso della esposizione dei figli legittimi e dei figli naturali riconosciuti era molto più inveterato a Milano che a Napoli. In quella città i legittimi esposti si contavano a migliaia, mentre non è così da noi: colà la povera gente aveva la triste abitudine di deporre i propri figli nella ruota di S.ª Caterina; come da noi è frequente la esposizione de' bambini provenienti da altre province, così alla ruota di S.ª Caterina erano immessi bambini provenienti fino dalla limitrofa Svizzera. Chiuso il torno, ed impiantato il sistema di ricezione con documenti, furono inesorabilmente respinti tutti i bambini che erano presentati senza documenti, ammettendosene qualcuno solo in via di urgenza. Con tutte queste circostanze poco favorevoli la provincia di Milano non ha contato nè un infanticidio, nè una esposizione di bambini sulle pubbliche vie.

Ora quali sarebbero le circostanze speciali di Napoli, per le quali dovrebbe, se noi volessimo imitare il brefotrofio milanese, venire il finimondo?

Io non ne vedo alcuna, anzi le condizioni della nostra esposizione per l'impianto di questo sistema mi sembrano molto più favorevoli di quelle di Milano.

A me sembra, che lo stesso preconcetto che decide molti a sostenere la ruota, disponga moltissimi ad avversare questo sistema di presentazione, cioè il segreto violato, la poca garentia per la fanciulla madre di covrire il suo fallo e la sua vergogna, la compromissione dell'avvenire di lei, e tante altre cose simili, che la decideranno piuttosto a sacrificare il frutto innocente del suo fallo che ad esporsi a tutte queste dichiarazioni.

Ecco dove sta l'errore! Non avviene mai che la madre stessa, appena dato alla luce il bambino, lo porti alla ruota o all'ufficio di presentazione; accade alle volte il caso che il bambino per parecchio tempo sia stato presso la madre sua, ed allora, essa che ha mantenuto con sè per qualche tempo la sua creatura, non temerà presentarsi innanzi a chiunque nè all'impiegato dell'ufficio, nè a quello dello Stato Civile; anzi in questi casi il bambino ha dovuto essere già da gran tempo inscritto nei registri dello Stato Civile. Ma chi presenta il bambino all'ufficio è sempre una persona estranea, per la quale è indifferente se un uomo, innanzi a cui si presenta, si chiami uffiziale di un ufficio di ricezione, o

uffiziale dello Stato Civile. Ma che impressione può fare questo sistema a Napoli, dove quelle persone, le quali prima dell'ultima ri-
forma immettevano i bambini nella ruota, non si vergognavano di
adempiere a questo uflicio in mezzo alla folla di gente perduta, che
con urli e schiamazzi ne faceva a modo suo comenti spesse volte
indiscreti ed immorali?

Ma, lasciando da banda queste considerazioni, che pure indicano
una specialità per Napoli niente in contradizione coi timori di alcuni per questo genere di presentazione, vogliamo piuttosto sulle
orme del brefotrofio di Milano impiantare il nostro ufficio di ricezione sulle basi del nostro Codice Civile, e metterci così sul terreno legale.

L'articolo 373 è così concepito

« La dichiarazione di nascita dev'esser fatta dal padre o da un
« suo procuratore speciale, in mancanza dal dottore di medicina o
« chirurgia, o *dalla levatrice*, *o da qualche altra persona*, *che*
« *abbia assistito al parto*, o, se la puerpera era fuori della sua
« ordinaria abitazione, dal capo della famiglia o dall'utiziale dele-
« gato dallo Stabilimento, in cui ebbe luogo il parto.

Questo articolo risponde a tutte le esigenze.

Indaghiamo come possa ordinariamente avvenire il parto.

La donna illegittimamente incinta può sgravarsi in un pubblico
Stabilimento a ciò destinato, ed allora non v'ha, mi pare, difficoltà
alcuna che lo Stabilimento di maternità faccia allo stato civile la
dichiarazione ai sensi di questo articolo.

Per gli ospedali degli Incurabili e di Gesù e Maria non vi era
prima quest'uso; quei due Stabilimenti ci spedivano i bambini come
nascevano e qualche volta, facendo essi medesimi anche la dichiarazione ai sensi dell'articolo citato, ma spedendoci i bambini
senza documenti, questi venivano da noi novellamente dichiarati,
e si avverava lo scencio ch'erano due volte iscritti nei registri dello
Stato Civile. Noi, avendo non e molto preso gli opportuni accordi
con quei due ospedali, abbiamo già per una parte dei nostri esposti
la presentazione documentata.

Torniamo alla nostra storia. Sull'area dell'Acquabella il nuovo Brefotrofio viene inaugurato nel 1912. E' così innovativo che il solo progetto, presentato all'Expo di Milano del 1906 è premiato in quanto rappresenta ciò che di più avanzato esiste nel campo dell'assistenza all'infanzia e più in generale in quello sanitario. Non è più il vecchio ospedale a grandi crociere ma non è neppure quello a padiglioni in voga al momento. E' piuttosto un edificio a padiglioni collegati: un corpo si affaccia su Piazzale Dateo, alle sue estremità partono due ali perpendicolari, unite un fondo da un altro corpo di fabbrica parallelo al primo. Insomma, una struttura a quadrilatero con un grande cortile interno a verde, nella quale vengono garantiti spazi sufficientemente autonomi e isolati, per offrire il massimo rispetto delle norme igieniche. L'adozione poi di grandi finestre a doppia luce permetteva di creare ambienti ariosi e luminosi.

La costruzione a quadrilatero con corte interna non è certo nuova nella zona. E' infatti quella propria della cascina, cioè della struttura tipica dell'Acquabella. C'è insomma una sorta di continuità architettonica con il luogo (e che, come vedremo, si riproporrà in un altro edificio che si affaccia sul piazzale).

Dal 1984 il Brefotrofio ha cessato la sua opera di Istituto di Assistenza per essere destinato a uffici. La sua storia è oggi conservata nel prezioso grande archivio sotterraneo che raccoglie documenti fin dal 1483.

Là sotto ci sono oltre cinque secoli di storie di dolore e di amore.

Piazzale Dateo con il nuovo Brefotrofio ai primi del '900

TRENI
AL BIVIO

Per più di mezzo secolo, tra la fine Ottocento e i primi Novecento, se parlando con un milanese del centro il discorso cadeva sull'Acquabella, la risposta era una sola "Ah certo, il bivio ferroviario!" L'intera zona era infatti conosciuta per questo bivio entrato in funzione nel 1861, sul quale convergeva il traffico della linea di Venezia e quello proveniente da Rogoredo, che a sua volta riceveva le due linee di Piacenza e di Pavia. Il Bivio Acquabella era il grande nodo di smistamento di tutto il traffico dei treni per Milano da Sud e da Est.

E' facile ricostruirne la collocazione mostrata nella cartina, perché la grande curva dei binari da Rogoredo corrispondeva all'attuale via Dall'Ongaro, e la sua prosecuzione, una volta accolta la linea di Venezia era lungo via Sidoli. Dopo un rettilineo (viale Giustiniano, viale Regina Giovanna) i treni arrivavano alla Stazione Centrale che si trovava al termine dell'attuale viale Tunisia. Quando negli anni Trenta del Novecento, la stazione venne arretrata nella posizione attuale, il bivio Acquabella fu smantellato perché non aveva più ragione di esistere: i treni non passavano più da lì.

Per gli amanti delle ferrovie riportiamo il capitolo "Posizione e struttura del bivio" tratto da Wikipedia

"La "Planimetria" e il "Profilo" prodotti dalla Direzione Lavori della Linea Piacenza-Milano di Rete Adriatica nell'ottobre 1891 pongono l'intera struttura del bivio fra le chilometriche 212+862,52 dove si trovava la "punta scambi" lato Milano e il Km 212+740,35 dove si trovava l'altra "punta scambi", dove i binari divergevano totalmente, senza più parti in comune.

Fra queste due progressive chilometriche erano

presenti la "Casa Cantoniera speciale" al Km.
212+660,98, tre "garette" in legno rispettivamente
alle progressive 212+765,78, 212+753 e
212+747,28 per il riparo dei guardiani addetti ai
deviatoi del bivio e ai passaggi a livello posti ai km
212+804,38 e 212+735,83. Quest'ultimo P.L. era posto cinque metri oltre la punta scambi meridionale
ma protetto dai segnali del bivio, come accade ad
altri P.L. prima e dopo di questo. Sotto la sede ferroviaria, entro le predette progressive chilometriche
erano costruiti due ponticelli per i canali che numerosi solcavano la pianura.

Da notare che, secondo il "Profilo" emesso dalla
"Mediterranee" del 1885, l'inizio convenzionale di
Bivio Acquabella era posto al Km 2+168,79 della linea per Venezia e quello stesso punto era conside-
rato il punto zero della linea per Rogoredo. Questo
punto convenzionale era posto quindi a 52 metri e
21 centimetri prima della punta scambi del bivio,
per treni che provenivano da Milano."

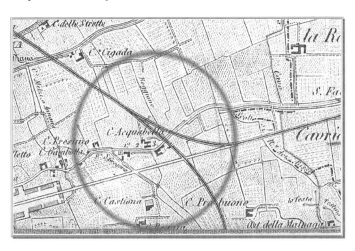

CRONACA DI UN DISASTRO

Furono proprio "treni che provenivano da Milano" all'origine di uno dei più gravi incidenti ferroviari della nostra città, ancora oggi ricordato come "Il disastro dell'Acquabella" avvenuto poco dopo le ore 21 del 20 gennaio 1908. Lasciamo la cronaca ad un lungo articolo pubblicato dall'Illustrazione Italiana. Siamo nell'odierna via Sidoli, quasi in piazzale Susa.

IL TRIPLICE DISASTRO FERROVIARIO
AL BIVIO DELL'ACQUABELLA

7 morti e 23 feriti

Un impressionante disastro ferroviario è accaduto fulmineamente lunedì sera, quasi ad un chilometro dalla stazione centrale di Milano, disastro che ha commosso tutta la città, non solo per il numero delle vittime, ma per la tragica fatalità, la quale ha voluto che tre treni viaggiatori precipitassero nel medesimo luogo e quasi nella stessa ora in spaventevole conflagrazione. Ecco, in rapida, precisa sintesi, come è accaduta la catastrofe.

Alle 20,47 di lunedì sera il treno 2577 Omnibus viaggiatori lasciò la Stazione Centrale di Milano diretto a Bergamo per la via Treviglio. La partenza era avvenuta regolarmente; il treno aveva segnata dinanzi a sé via libera. Procedeva adagio. Superato il ponte cavalcavia che attraversa il corso Loreto, (oggi Buenos Aires) avanzò anche più lentamente,

95

a passo d'uomo, in causa degli ingombri per opere di riparazione in corso sulla linea ferroviaria. Appena all'inizio del viaggio, in prossimità del Bivio Acquabella, dove ora quasi arrivano le costruzioni di Corso Indipendenza fuori porta Monforte, il macchinista fu sorpreso di trovare il segnale di linea chiusa. Si fermò senza che, per altro, il personale del treno, sceso sulla linea, potesse darsi ragione delle cause che avevano determinato il segnale di arresto, giacché appena pochi momenti prima alla Stazione Centrale la linea era indicata libera. Nondimeno il personale non ebbe alcuna preoccupazione ed attese tranquillamente il permesso di riprendere la corsa. Infatti nulla c'era da temere, poiché nessun altro treno avrebbe potuto partire da Milano fintanto che il segnale di linea chiusa fosse stato tolto.

Il treno così rimase fermo a 700 metri circa di distanza dalla Stazione Centrale, poco lungi dal bivio Acquabella, in località con due soli binari, uno per le partenze e l'altro per gli arrivi.

Rimanere fermo voleva dire obbedire ai segnali ed al regolamento per la marcia dei treni: ma, purtroppo, per una tristissima fatalità, tutto doveva procedere diversamente da ogni regola normale. Il guardia-blocco che aveva chiuso il segnale facendo fermare sulla linea il treno 2577 diretto a Bergamo lasciò aperto, per una inesplicabile aberrazione della memoria, il segnale di via libera al direttissimo Parma-Sarzana diretto a Roma. in partenza dalla Stazione Centrale 21,05. Il direttissimo ebbe ordine di partenza e questa si effettuò regolarmente. Proseguì la corsa senza il più lontano sospetto che la linea fosse ingombra. Il segnale indicante via aperta era piena garanzia che poteva procedere li-

*beramente. Il direttissimo avanzò anch'esso lenta-
mente oltre il cavalcavia di corso Loreto in causa
del tratto di linea mosso per le opere di riparazione. Se avesse proceduto con la velocità consueta, il
disastro sarebbe stato incommensurabile. Come il
macchinista ebbe superata, in brevi momenti, la
prima distanza, giungendo a dominare la linea fino
alla curva verso l'Acquabella, ebbe la terribile sor-
presa di trovare davanti a sé, ad una ventina di metri, il treno per Bergamo partito venti minuti prima,
che non doveva essere più nemmeno in vista e chi
invece era là immobile, sulle rotaie. Era troppo tardi per fermare. Diede disperatamente controvapo-
re. L'incontro però era ormai inevitabile. I pochi
viaggiatori del direttissimo affacciati ai finestrini
del primo vagone e i viaggiatori tutti del treno per
Bergamo che al rumore minaccioso del direttissimo
sopraggiungente trasalirono, ebbero la sensazione
del pericolo mortale. Fu un attimo. La macchina del
direttissimo raggiunse con un urto tremendo i vagoni di coda del treno fermo spezzandoli e scaval-
candoli fra il fragore di un terribile schianto. La
macchina era come entrata, squarciandolo, nel primo vagone di coda, aveva poi rovesciato altre car-
rozze affollate di viaggiatori, si era sollevata sulle
rovine, stritolando ogni ostacolo, contorcendosi
come in uno spasmo disperato, per precipitare a
terra schiantata è distrutta, rovesciandosi coi fian-
chi lacerati sopra il binario di partenza mentre col
corpo andava a coprire l'altro binario di arrivo, di-
stendendosi fino al limite della scarpata con i suoi
due fanali accesi che lanciavano lontano la loro
luce sanguigna.*

Il fragore dell'urto si ripercosse lungo la linea, a

grande distanza. S'udivano salire dal massacro di rovine le grida dei feriti, dei moribondi, alcune vittime, rimaste sul colpo, ebbero appena il tempo per lanciare l'urlo supremo. I viaggiatori superstiti si gettarono fuori dai vagoni, strepitando. In quell'istante di smarrimento generale, mentre parecchi fuggivano inorriditi, ed altri erano rimasti lì quasi irrigiditi dallo spavento, e il personale era in preda alla più grande angoscia, s'avvertì da lontano il fragore di un altro treno che sopraggiungeva a grande velocità. La scena spaventevole non era finita. Tutti si ritrassero, rifugiandosi nei prati laterali, in attesa del nuovo urto formidabile. Il rumore si avvicinò. Era l'accelerato di Genova proveniente da Voghera che sopraggiungeva in quel momento, diretto a Milano. Questo treno procedeva sul binario legale d'arrivo. Giunto all'Acquabella senza trovare segnali di arresto, sì avvide di essere sul teatro di un disastro, ma troppo tardi. Il binario d'arrivo era ostruito dal corpo fracassato della locomotiva del direttissimo Sarzana-Roma. La macchina del direttissimo di Genova proseguì fischiando disperatamente, andando ad urtare nell'ostacolo con fragore terribile, rimanendo come inchiodata sopra quel mucchio di rottami che rappresentava la locomotiva del direttissimo Parma-Sarzana, già spenta e contorta. Una macchina sopra l'altra. Una confusa nell'altra, spaventosamente! Il nuovo urto però non produsse, per fortuna, altre vittime, all'infuori di qualche ferito. Diversi vagoni caddero sconnessi. Due bagagliai rovesciaronsi sulla linea e lungo la scarpata. Il cumulo delle macerie spaventosamente ingombrava il suolo per un tratto lunghissimo. Qua e là si scorgevano dei morti, dei feriti. Una scena angosciosissima, indescrivibile, gravata dall'oscurità della notte appena attenuata dai raggi della pallida luna circonfusa di nebbia.

La spaventosa notizia fu subito nota Milano e una folla enorme accorse sul luogo – e carabinieri e militari avevano un bel da fare a tenere indietro tutta quella gente, parte ansiosa, parte curiosa che accalcavasi da ogni lato sul teatro del disastro spaventevole. Nel direttissimo per Parma-Spezia era il ministro del tesoro Carcano, proveniente da Como con vari deputati e senatori: le vetture di coda di questo treno, rimaste incolumi, furono ricondotte in stazione; mentre sul luogo della rovina fra scene strazianti e col concorso dei vari corpi d'assistenza, dei pompieri, di agenti ferroviari e della sicurezza pubblica compievasi, fra molte difficoltà, l'opera di salvataggio.

Nelle complicazioni del triplice, spaventoso investimento, le vittime, per fortuna, furono meno di quante avrebbero potuto essere - 7 morti tutti identificati e 23 feriti, prontamente assistiti dalle vicine ambulanze e portati negli ospedali cittadini.

LE CAUSE.

Come mai un tale insieme disastroso di circostanze in località munita di ogni più perfetto sistema di sorveglianza? Il capostazione della centrale, signor Vercellone, interrogato, ha così ricostruita la situazione e la probabile causa del disastro.

Alle 20,47 è partito il treno 2577 per Bergamo. Il blocco della Stazione segnava: via libera. Quando il treno è giunto al blocco di scambio n.2, non trovò alcun segnale che indicasse che la via non era libera.

Il treno 2577 così giunse presso il blocco dell'Acquabella n.3, ove il treno fu fermato. Il personale discese e si recò al blocco per le informazioni e per avvertire che al blocco n.2 non era stato avvertito alcun segnale. Verificassero perciò gli apparecchi. Frattanto partiva da Milano il treno n.25 per Roma, il quale avrebbe necessariamente dovuto trovare chiuso il disco al blocco n.2, ed invece era aperto. Perciò il treno procedette, fra la nebbia. Appena fu avvertito il 2577 fermo sulla linea, furono tosto chiusi freni; ma troppo tardi.

DUE BLOCCHISTI ARRESTATI

Il Casati Francesco, deviatore al blocco n.3 fu arrestato martedì mattina. Egli si era completamente dimenticato che a quell'ora dovesse passare il treno per Bergamo, e quando il blocchista n.2 gli chiese la via libera con due tocchi, non rispose nemmeno. Il capotreno discese per chiedergli la causa di tale fermata. Saputo che il treno era per Bergamo gli rispose che si sarebbe affrettato a dargli via libera. Il capo-conduttore partì dalla garretta di blocco dirigendosi al treno, ma nel frattempo il blocco n.2 avvertiva il blocco n.3 della partenza del direttissimo per Roma. Il Casati diede dal blocco n.3 via libera, dimenticandosi che il treno per Bergamo non aveva ancora ripreso il suo viaggio. Fu appunto mentre il capo-conduttore si recava alla testa del suo treno per farlo ripartire che avvenne l'investimento da tergo per opera del direttissimo Parma-Spezia proveniente dalla Centrale di Milano.

Martedì mattina fu pure arrestato il deviatore del blocco n.2 Luigi Brioschi, che si era eclissato dopo il disastro. Costui, interrogato dall'autorità di PS perché non avesse dato il segnale al treno 2577 di fermarsi, rispose che poiché l'omnibus por Bergamo o il direttissimo per Roma partenti immediatamente l'uno dopo l'altro, sono abituati a trovarsi l'uno vicino a quello che lo precede, sono spesso costretti ad attendere la via libera, allo scopo di non tenerli inutilmente fermi, si lascia che si rincorrano. Essi procedono però a moderata velocità. La nebbia fortissima di ieri sera gli impedì di vedere che il 2577 era fermo ed omise di chiedere al blocco n.3 perché non avesse risposto alla sua prima domanda di via libera pel treno di Bergamo

Resta poi a sapersi perché, in circa un quarto d'ora di tempo che intercorse dal momento dell'urto, nessuno provvide a far chiudere, con apposito segnale, il binario d'arrivo da Rogoredo per fermare l'accelerato di Genova, che fu lasciato avanzarsi fino a che andò a dare il cozzo nella rovesciata locomotiva del direttissimo per Parma-Spezia. Un complesso di insufficienze, di imprevidenze, le quali fanno sempre meglio vedere a quale disorganizzazione, col servizio di Stato, sia arrivato il regime ferroviario, mentre gli agenti famosi per la violenza dei loro voti contro disciplina, hanno avuto aumenti di paghe, miglioramenti di orari, tutto quanto hanno chiesto e voluto, e ancor più si preparano a chiedere e viceversa, gli interessi di chi si serve delle ferrovie sono alla mercè delle loro negligenze e del lasciare andare che un brillante ed efficacissimo conferenziere, Eliseo Galeazzi, ha espressivamente sintetizzato nel titolo: Il microbo del disservizio ferroviario in una vibrantissima conferenza detta a Bologna sera del 13 gennaio e ora pubblicata in volumetto molto interessante dal Zanichelli."

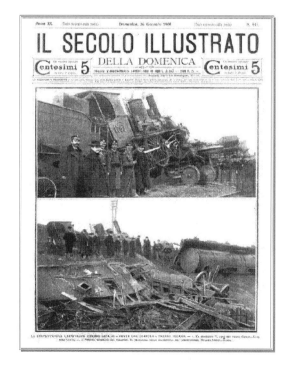

MILANINTER

Pochi sanno che l'Acquabella ha anche un'importante storia sportiva in quanto fornì in diversi momenti campi da gioco prima al Milan poi all'Inter. Non ci fu mai, come sarebbe avvenuto più tardi, una "condivisione di stadio": fu semplicemente il caso (e i terreni buoni) a portare le due società in luoghi e in tempi diversi nell'area oggi delimitata dalle vie Sidoli, Nullo e Plebisciti.

IL MILAN

All'inizio della sua avventura calcistica, il Milan giocava al campo Trotter presso l'attuale via Andrea Doria, dove sarebbe poi sorta la Stazione Centrale. La precarietà della destinazione e l'assenza di una qualsiasi struttura spinsero presto l'allora presidente Piero Pirelli a cercare un nuovo campo, che venne trovato proprio all'Acquabella. Qui il Milan giocò le partite "in casa" dal 1903 al 1905, quando fu deciso un nuovo spostamento, questa volta nel "Campo Milan di Porta Monforte", dietro l'attuale Chiesa del Suffragio e con un lato adiacente a via Bronzetti.

Il campo dell'Acquabella era stato scelto perché destinato solo al calcio (e non in condominio con altri sport come al Trotter) e soprattutto perché il manto erboso era fresco e verde, c'erano tribune naturali grazie a un terrapieno e un confine naturale era creato dall'argine di un corso d'acqua. Non si pagava ingresso, che peraltro sarebbe stato difficile da controllare e chi voleva sedersi doveva portare la sedia da casa. Una corda legata a paletti fungeva da recinzione del campo.

Il 13 marzo 1903 cosi' scrive la Gazzetta dello Sport.

"Domenica 15 corrente avremo due matches a Milano. La prima e la seconda squadra del Genoa Club verranno a Milano a giocare una partita amichevole con la prima e la seconda squadra del Milan Club. Le partite avranno luogo all'Acquabella e precisamente le prime due squadre alle ore 14 ½ e le seconde alle 16 ½ circa. La direzione del Milan Club, per solennizzare l'inaugurazione del nuovo campo destinerà parte dell'incasso a favore del ricovero Veterani di Turate.

Il campo di giuoco è situato molto convenientemente, vicinissimo alla fermata del tram di Porta Monforte, e precisamente dietro l'albergo dell'Acquabella, ad ogni modo speciali avvisi indicheranno la strada a chi non conoscesse la località."

Per la cronaca la prima partita finì 2-2 e la seconda fu vinta dal Milan per 3-1.

Quanto all'ubicazione esatta, difficile dire: il terrapieno/tribune era quello della ferrovia, il corso d'acqua il fontanile Acquabella e l'albergo omonimo si trovava in corrispondenza dell'attuale bar Blender. A dispetto dell'ottimismo dell'avviso, il campo non era comunque proprio vicinissimo alla fermata tranviaria di Porta Monforte, situata in corrispondenza dell'attuale piazza Tricolore.

Il campo del Milan all'Acquabella. Non c'erano ancora reti alle porte

Il campo dell'Inter in via Goldoni

109

L'INTER

Se per per motivi anagrafici non c'è più nessun testimone diretto del campo Acquabella del Milan, diverso è il discorso per quanto riguarda i cugini nerazzurri, che si trovarono anch'essi a giocare in questo quartiere, ma più tardi. Il campo Virgilio Fossati, noto anche come campo di Via Goldoni, fu infatti lo stadio dell'Inter dal 1913 al 1930 e qualcuno ancora se ne ricorda, magari solo per averne sentito parlare dai genitori.

In precedenza i nerazzurri avevano giocato al Ticinese, in corrispondenza dell'attuale stazione di Porta Genova, ma poi era stato deciso un trasferimento nel più comodo, più centrale e meglio servito campo ubicato tra via Goldoni all'altezza del numero 61 e piazza Novelli. La partita inaugurale Inter-Lazio finì 3-1 per i nerazzurri. Era il 1 gennaio 1913.

Nel 1928, per venire incontro alle direttive del regime fascista, la società nerazzurra fu costretta a fondersi con l'Unione Sportiva Milanese e cambiare denominazione in Società Sportiva Ambrosiana . Il campo di via Goldoni è così ancora ricordato da molti come "Il campo dell'Ambrosiana."

Nel 1930 i nerazzurri lasciarono l'Acquabella e si spostarono all'Arena.

OSTERIE CON CUCINA

Disseminate in tutta l'area dell'Acquabella "allargata", ma con la comune caratteristica di affacciarsi sulle direttrici principali (il Naviglietto, la Rivoltana, la strada per Bergamo...) c'erano fin dai tempi antichi alcune osterie destinate più agli occasionali viandanti che non (salvo eccezioni) ai milanesi di città in cerca di evasione fuori porta.

Le tracce di queste osterie sono davvero poche e si notano più nei censimenti ufficiali che non nelle cronache del tempo. Forse oggi, bombardati come siamo da informazioni sul cibo e le sue diverse fruizioni, ci può sembrare strano, ma fino a non pochi anni fa delle osterie di campagna si parlava poco e del cibo che vi si serviva ancora meno. Il cosiddetto "chilometro zero", nel contado era una normalità, non un vanto, il "no OGM" idem non avendo i contadini del tempo la più lontana idea di cosa fossero gli organismi geneticamente modificati (pur usando le antiche tecniche di innesto), il bando ai pesticidi chimici non esisteva per mancanza assoluta di questi ultimi.

Eppure curiosando qua e là nel mondo di osterie dei Corpi Santi, non mancano le sorprese. Come quella, ad esempio, relativa al sud dell'Acquabella, dove si andava a mangiare il pesce, il che può sembrare bizzarro. Eppure almeno due osterie posizionate lungo il Naviglietto erano famose per questa specialità. La prima era l'Osteria del Pellegrino (che ritroveremo più avanti per una piccolo episodio delle Cinque Giornate) dove si gustavano i pesciolini fritti pescati negli stagni e nelle rogge attorno alla Senavra. La seconda, che abbiamo già incontrato, era l'Osteria della Malpaga, avamposto prima del salto nell'ignoto fino a Monluè (cioè attraverso l'attuale area Mecenate), che era rinomata per il fritto di pesce, ovviamente d'acqua dolce.

113

Storia un po' diversa, ma altrettanto sorprendente per i milanesi di oggi, è quella della Antica Osteria della Pulice, nei pressi delle Cascine Doppie (che, lo ricordiamo, corrispondevano all'attuale piazza Leonardo da Vinci). Qui la vicinanza del Lambro garantiva uno dei prodotti più comuni e più apprezzati dai milanesi del tempo: gamberi d'acqua dolce. Di più *"Gamber pescaa in del Lamber cotti col sale e l'erba bonna!"* come venivano pubblicizzati dai venditori di strada.

Difficile pensare a una Milano famosa per i suoi crostacei, ma va ricordato che già nel 1288 Bonvesin della Riva scriveva: *"E' noto questo fatto mirabile, che, come i pescatori stessi fatti diligenti e precisi calcoli, dichiarano, in tutto il periodo che va dalla Quaresima a San Martino si mangiano ogni giorno nella città più di sette moggi di gamberi. E perché qualcuno non abbia dubbi su quanto si intende per moggio, sappia che da noi il moggio è una misura equivalente a otto staia e al peso di un uomo di grossa corporatura"* Fatti un po' di calcoli sono cinque quintali di gamberi consumati ogni giorno dai 200mila abitanti della Milano del Duecento!"

Nome scientifico *Austropotamobius pallipes*, è un gambero piuttosto tozzo, di colore bruno rossiccio, lungo fino a 12 centimetri e simile a un piccolo astice sgraziato. Vive in acque pulite e il Lambro con tutte le sue derivazioni, un tempo ne era pieno, tanto che alcune osterie potevano disporre di un pezzo di sponda ad uso esclusivo della pesca per la propria cucina. Ovviamente, anche se non è scomparso (ma minacciato) oggi è impossibile trovare questo *gamber* nelle acque vicine a Milano, e tantomeno nel Lambro a causa predatori alieni introdotti (cugini americani molto voraci) ma soprattutto per l'alto tasso di inquinamento.

Comunque, per completezza ecco una ricetta che potremmo acquisire all'Acquabella

114

RISOTTO CON I GAMBERI DI FIUME

Porre in una casseruola di rame olio, burro, parecchio porro, sedano e carota tritati. Lasciarli imbiondire a fuoco bassissimo, incoperchiare e salare. Lessare a parte i gamberi per pochi minuti in acqua bollente, scolarli e sgusciare le code, tenendo da parte le carcasse più grosse per la guarnizione. Pestare nel mortaio i gusci dei gamberi, che devono essere molto abbondanti, e farli bollire in acqua salata con una foglia di lauro o un po' di finocchio selvatico per ottenere il brodo, che si deve passare da un telo prima di metterlo nel risotto. Meglio se si può unire anche un po' di brodo di pesce ristretto. Tenere da parte un po' del sugo preparato, cuocervi un po' di funghetti e pisellini e poi aggiungervi, a fuoco spento, le code di gambero. Unire al resto del sugo il riso, farlo insaporire e unire un buon bicchiere di vino bianco, far sfumare e aggiungere un mestolo di brodo per volta per fare il risotto. Quando è pronto si uniscono le code di gambero col loro ragù, si versa sul piatto di portata mettendo tutto attorno le carcasse dei gamberi, con le code ripiegate all'infuori sull'orlo del piatto, e le teste verso il centro. Non si mette formaggio, caso mai un po' di prezzemolo.

(tratto da "La Lombardia in cucina" di Ottorina Perna Bozzi)

Molto conosciuta era anche la Trattoria Acquabella, ma qui le indicazioni sono piuttosto discordanti per quanto riguarda il passato. Da più parti si parla nell'Ottocento di una Osteria dell'Acquabella (chiamata anche Pompei per il colore rosso delle pareti), che però era localizzata nell'attuale via Sottocorno. Di certo è poi esistita una rinomata Trattoria Acquabella in piazzale Susa, attiva per gran parte del Novecento e della quale si ricordano ancora in molti. Negli anni Cinquanta il ristoratore Mario Artuso la rilevò unendo anche attività di osteria con mescita e gioco delle carte. Il tutto fino agli anni Settanta, quando il locale cambiò destinazione d'uso. Oggi è il Bar Blender all'angolo con via Sidoli.

La trattoria Acquabella nel Novecento e, sotto, una immagine più
vecchia della Osteria della Pulice nei pressi delle Cascine Doppie

INDUSTRIA
E CULTURA

La conversione del territorio da agricolo a industriale/residenziale ad un certo è punto è stata inarrestabile. Piccole e grandi imprese hanno cercato e trovato casa all'Acquabella, ma una su tutte, per prestigio e dimensioni, ha segnato la vera svolta del quartiere: le Officine Grafiche Ricordi che dal 1910 per mezzo secolo hanno occupato il quadrilatero formato dalle attuali vie Dall'Ongaro, Sismondi, Campania e Reina.

La Ricordi è stata una potenza editoriale nel settore della musica, e per capirlo dobbiamo fare un salto al presente. Il suo Archivio Storico, ospitato presso la Biblioteca Braidense, consta oggi di 3593 partiture dal '700 al primo '900, di cui 2246 autografe, 15mila lettere di musicisti e librettisti, 10mila bozzetti e figurini, 9mila libretti, 4mila foto d'epoca, centinaia di manifesti liberty firmati dai grandi della grafica. Un tesoro unico al mondo.

Agli inizi del Novecento, la Ricordi ormai affermata da tempo sulla scena dell'editoria musicale, decide di ampliare un settore promettente, che nasce sì dalla musica ma che può facilmente allargarsi ad altri settori dell'emergente industria: la cartellonistica. La Casa è una delle poche in grado di realizzare manifesti di grandi dimensioni. Capacità tecniche e genio inventivo decreteranno un successo senza precedenti.

Lo stabilimento di via Porta Vittoria 21, da decenni cuore dell'azienda, diventa presto troppo piccolo e così si cerca con urgenza una nuova collocazione per un complesso più ampio. L'area viene individuata proprio all'Acquabella, nella parte a sud delle cascine e dei fontanili e qui viene costruito uno stabilimento quattro volte più grande del precedente.

Sarà l'incubatore di una rivoluzione nel campo della grafica e della cartellonistica. Non c'è manifesto associato nei nostri ricordi ai primi del Novecento, dalle leggendarie locandine del film Cabiria alle pubblicità del Bitter Campari o della Rinascente, che non sia nato nel grande complesso Ricordi dell'Acquabella. Qui tra i tanti lavora e conferma il suo successo Marcello Dudovich, il più illustre e geniale dei cartellonisti del tempo, qui artisti noti e alle prime armi trovano un terreno fertile per la loro creatività.

Tutti i grandi eventi dell'epoca si incrociano, per le necessità di comunicazione, negli stabilimenti dell'Acquabella, perché vi trovano non soltanto il genio creativo per i bozzetti, ma anche le capacità produttive per realizzare prodotti di qualità ad alta tiratura. Le Officine Grafiche Ricordi, sono state un tipico esempio di "milanesità", perché hanno saputo unire gusto per la cultura e eccellenza industriale.

LA SENAVRA

Nella storia dell'Acquabella c'è un convitato di pietra. E' un edificio che si trova lungo quello che abbiamo arbitrariamente scelto come confine meridionale del nostro territorio, cioè l'asse XXII marzo (osteria del Pellegrino) – Corsica (la cascina e l'osteria della Malpaga). Il complesso in questione, il più antico ancora esistente di tutta la zona, è la Senavra. Molti milanesi ci sono passati (e ci passano) davanti decine di volte senza conoscerne la straordinaria storia.

Prima però bisogna spendere qualche parola sul Naviglietto o cavo Bergognone, parente povero nel sistema della acque di Milano. Univa la Cerchia dei Navigli al Lambro, percorrendo quelli che oggi sono Corso di Porta Vittoria, Corso XXII Marzo, Viale Corsica e deviando poi verso sud-est per raggiungere il borgo e il monastero di Monluè. Sembra chissà cosa, ma in realtà il Naviglietto (e quel diminutivo/dispregiativo la dice lunga) era modesto e soprattutto non era navigabile. La portata d'acqua era minima perché tutti vi prelevavano più o meno legalmente quel che serviva per irrigare gli orti o lavare i panni. Tutta la zona a sud del Naviglietto insomma era piuttosto ricca di acque, ma a spese del canale principale. Se ci si spostava verso Monluè inoltre, i ristagni erano più frequenti con zanzare, cattivi odori e quant'altro, il che rendeva quella parte della campagna poco piacevole. Lì l'Acquabella poteva dirsi davvero lontana, pur non distando in linea d'aria che meno di due chilometri.

Sul Naviglietto si affacciava la Senavra, la cui storia è scandita da un susseguirsi un po' schizofrenico (parola non scelta a caso, come vedremo) di eventi.

Metà Cinquecento - Ferrante Gonzaga, dal 1546 governatore del Ducato di Milano per conto dell'Imperatore Carlo V, decide di costruirsi, ampliando un edificio esistente, una *villa di deli-*

zie nei campi tra Milano e Monluè. Vi fa piantare filari di pioppi, crea un enorme giardino di rose, bonifica i terreni circostanti, fa migliorare la strada per Monluè. Insomma, cambia faccia alla zona che viene chiamata, per la sua bellezza, "Scena aurea".

1548 – La villa passa a Don Manrique de Lara, che a sua volta la rivende alla famiglia da Po.

1585 – La "Scena aurea" diventa proprietà di Daria Rusca, vedova del capostipite della famiglia da Po.

1586 (?) - I monaci di San Pietro in Gessate, ritenendosi defraudati anni prima di una parte dei terreni acquisiti da Don Manrique, fanno causa alla Rusca davanti all'Uditore generale della Curia Arcivescovile. Ovviamente vincono e la donna è costretta a vendere tutto. Ad acquistare è un alto prelato della curia milanese, monsignor Giovanni Fontana.

1588 (?) – In cambio di un cospicuo vitalizio, Fontana cede con una donazione tutti i terreni e la villa della "Scena Aurea" ai monaci benedettini di San Pietro in Gessate, che si ritrovano così proprietari dell'intero territorio tra il Lambro, Monluè e Porta Tosa.

1609 – I monaci, ormai titolari del complesso dopo la morte di monsignor Fontana, decidono di vendere. Acquirente per 30mila lire è la la contessa Olimpia Pallavicini, moglie del conte Giorgio Trivulzio.

1682 – Per quasi un secolo villa e pertinenze restano ai Trivulzio, poi gli eredi vendono a don Ferdinando Rovida, conte di Mondandone, marchese di Bocca.

1695 - Rovida rivende la Senavra alla Congregazione dei Sacerdoti, composta dai padri gesuiti di San Fedele per la somma di 30 mila lire imperiali. I religiosi non hanno soldi, ma riescono a ottenerli dal conte Carlo Arconati, il cui figlio Geronimo appartiene all'ordine. La casa viene destinata, per la sua posizione fuori porta, agli esercizi spirituali.

1730 – I gesuiti iniziano grandi lavori di ristrutturazione, ma continuano a non avere soldi. Li aiuta da Roma papa Clemente XII.

1773 – Arriva l'ordine di scioglimento della Compagnia di Gesù. Il governo di Milano prende possesso dell'edificio.

1774 – Viene presentata una prima relazione per trasferire alla Senavra l'Ospedale dei pazzi.

1780 - L'imperatrice Maria Teresa d'Austria decide definitivamente di far portare alla Senavra i malati del vecchio e ormai inagibile Ospedale dei pazzi di San Vincenzo.

1848 – Ormai da molti anni stabile nella sua funzione di manicomio, la Senavra, che si trova sulla direttrice di Porta Tosa, diventa teatro di alterne vicende militari durante le Cinque Giornate di Milano.

1872 – Viene decisa la chiusura della Senavra come ospedale dei pazzi, che verranno trasferiti nel nuovo Ospedale Psichiatrico di Mombello. La Provincia decide di mettere il complesso in vendita e l'acquirente è la Congregazione della Carità che vi apre un ricovero per poveri anziani e ospizio per mendicanti, il Pio Ricovero di Mendicità.

1911 – Il Naviglietto viene chiuso e in tutta l'area inizia un processo di trasformazione che investe anche la Senavra.

1934 – Il comune e la provincia decidono di chiudere il Pio Ricovero di Mendicità e di destinare il complesso a Ospedale Opera Maternità ed Infanzia.

1946 – Dopo la guerra la Senavra, semidistrutta dagli eventi bellici, viene occupata da decine di senzatetto. Non ha più una destinazione precisa e questa situazione di precarietà continua per molti anni.

1955 – Una parte del complesso che era stato acquistato dalla Chiesa negli anni Trenta è destinato alla costruzione di un nuovo edificio religioso. Il resto è ancora occupato da famiglie povere, e la situazione di degrado si fa a poco a poco insostenibile.

1961 – Gli ultimi senzatetto lasciano la struttura e vengono trasferiti dal Comune al Corvetto.

1966 – Viene celebrata la Messa inaugurale della nuova Chiesa del Preziosissimo Sangue di Gesù

1968 – Parte della vecchia struttura della Senavra diventa un centro culturale. Parte viene usata dalla parrocchia.

Oggi il complesso con la Chiesa del Preziosissimo Sangue appare "tranquillo", se mai può adattarsi un simile aggettivo a un edificio storico. Ma tante ne ha passate la Senavra nella sua esistenza, che finalmente un po' di pace le è di certo gradita.

La storia però non finisce qui, perché nell'intricata, secolare e un po' folle sequenza degli eventi entra una piccola, piccolissima faccenda personale che qui vorrei ricordare. Anch'io ho percorso un pezzetto di cammino insieme alla Senavra. Era la fine degli anni Sessanta e da liceale aiutavo i ragazzi della parrocchia a preparasi per l'esame di italiano di terza media. Volontariato, d'accordo, ma più che altro interesse per una bella ragazzina delle magistrali che a sua volta si era presa lo stesso impegno e della quale ero segretamente innamorato. Tutto questo appunto avveniva negli storici e cupi locali della vecchia *casa dei matti*, già allora in uso alla parrocchia, dove mi perdevo in quei labirinti carichi di storia nel tentativo di incrociare la fanciulla in questione e, insomma, passare un po' di tempo con lei, complici angoli oscuri, abbandonando i poveri studenti alle pagine di Ulisse e Penelope. Un po' come nei romanzi russi, dove minimi fatti si intrecciano alle grandi vicende della storia, così una cotta adolescenziale è finita senza saperlo in mezzo a don Ferrante Gonzaga, ai gesuiti senza soldi, alla contessa Pallavicini-Trivulzio, alle Cinque Giornate, ai pazzi, a Maria Teresa d'Austria e a molto altro ancora. Come dire: nella lunga storia della Senavra c'è davvero spazio per tutti.

Non andò bene. Ma avevo sedici anni.

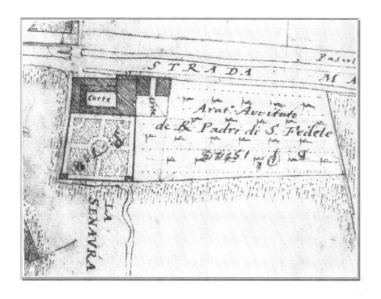

La Senavra in un'antica mappa e, sotto, già come
Pio Ricovero di Mendicità

La Senavra

BOZZETTI

PETARDI
IN VIA DALL'ONGARO

Gli abitanti di via Dall'Ongaro possono forse immaginare, con un po' di fantasia, un panorama di campi e cascine attorno, verso piazzale Susa o viale Argonne. Possono altresì "vedere" sempre con un po' di fantasia i binari della linea ferroviaria per Rogoredo / Bologna che curvava in corrispondenza del bivio Acquabella. Ma forse non sanno che potrebbero anche "sentire" qualcosa di veramente insolito.

Petardi.

Botti.

Scoppi.

Era parecchio rumorosa, l'attuale via Dall'Ongaro. Altro che pace campagnola! E tutto a causa della nebbia, dei segnali ferroviari e delle misure di necessarie a garantire sicurezza ai treni.

Immaginate la scena: al tempo sulla linea non ci sono segnali luminosi, ma manuali. Un disco o un'ala rettangolare verde segna via libera, rosso via impedita. Ma c'è nebbia, nebbia fitta come quelle di una volta, in campagna poi, e il macchinista in arrivo da Rogoredo deve stare molto attento perché sul binario di Venezia, che si innesterà al bivio può esserci un altro treno in arrivo e lui deve sapere se può passare o no, altrimenti sarà una tragedia. Procede piano, certo, ma continua a non vedere il segnale... forse addirittura l'ha già superato senza averlo notato.

Un incubo.

Per fortuna qualcuno gli viene in aiuto. I casellanti del bivio hanno piazzato a 25 metri uno dall'altro prima del segnale, in caso di via impedita, rumorosi petardi. Se li sente scoppiare, il macchinista si ferma. Buon per lui, ma in realtà il pericolo si è solo spostato dal treno ai poveri casellanti. Perché piazzare i piccoli ordigni esplosivi è molto pericoloso in mezzo alla nebbia e con treni in arrivo che viaggiano alla cieca. Bisogna lavorare direttamente sui binari, una carica alla volta, ed è un'e-sperienza terrorizzante nel bianco denso e lattiginoso.

Per fortuna ad un certo punto arriva la tecnologia con il bizzarro nome di "*Spara-petardi Scartazzi-Opessi*", un innovativo apparecchio che viene posto a lato della sede ferroviaria e consiste in caricatori con più cartucce che gli addetti alla linea possono riempire in sicurezza lontano dai binari. Il macchinista, dal treno, con un pedale fa da detonatore e se sente uno scoppio si ferma.

Nel 1881 viene decisa per il tratto Rogoredo-bivio in prossimità dell'incrocio, dunque dove oggi c'è via Dall'Ongaro, " *l'applicazione sperimentale dell'apparecchio Scartazzi-Opessi per spari d'allarme lungo le ferrovie, a 600 m dal disco girevole a protezione del Bivio Acquabella da Rogoredo verso Milano Centrale*".

Lo "Spara-petardi Scartazzi-Opessi" è un successo, ma stranamente verrà usato solo in quel punto della ferrovia che porta a Milano. Un gran fracasso, certo, capace però di salvare vite umane. Oggi in via Dall'Ongaro passano le macchine, ma è decisamente più tranquilla.

Il gabbiotto dei petardi

138

CASA BOCCIONI

Umberto Boccioni, Autoritratto (recto), 1908,
olio su tela, cm 70 x 100.
Milano, Pinacoteca di Brera

Come l'Acquabella si era ritagliata un posticino nei Promessi Sposi e quindi nella letteratura (vedi il capitolo sulle cascine), così se ne è assicurato uno anche nella storia dell'arte. Piccolo, ma non certo irrilevante.

Agli inizi del Novecento, proprio quando il quartiere è in piena trasformazione e i palazzi stanno mangiando la campagna, il pittore Umberto Boccioni decide di dipingere un autoritratto ritraendosi non nel chiuso di un atelier, bensì sul balcone di casa in via Castelmorrone angolo piazza Maria Adelaide (in realtà lavora nel suo studio di via Adige, ma *si immagina* all'esterno di casa).

In piena aderenza alla sua corrente pittorica, alle spalle dipinge la città "in movimento", la periferia che cresce. Basta un semplice ponteggio sulla sinistra a dare un senso dinamico all'insieme, come a dire: *mentre io mi ritraggo, lì dietro lavorano e tutto sta cambiando.*

Sullo sfondo è ben visibile il ponte ferroviario con il treno. Quasi certamente è il sottopasso di piazza Novelli, considerata la prospettiva (e non quello di piazza Maria Adelaide, impossibile da vedere perché sta sotto il balcone). Insomma, quello laggiù, disegnato con pochi tratti di pennello, è il famigerato "Ponte del diavolo", oltre il quale c'è l'Acquabella.

Il dipinto è realizzato con tecnica divisionista. Sulla superficie della tela si notano brevi, scattanti pennellate di colori puri, alternati tra freddi e caldi (purtroppo impossibili da valutare nella foto in bianconero). E' inverno, come si può dedurre dal cappotto: la luce è quella gelida e limpida delle belle giornate milanesi di tramontana. Un sole pallido si riflette sulle case. Il cappotto, la strada e i tetti hanno una dominante arancione. Il cielo in particolare, presenta pennellate arancioni, colore complementare dell'azzurro.

Particolare curioso. Dietro il dipinto, Boccioni aveva già disegnato un suo autoritratto, ma poco convinto del risultato lo aveva coperto con della pittura grigia. Quel dipinto ora è stato riportato alla luce e ha svelato che Boccioni si era ritratto in un interno. Per fortuna ebbe un ripensamento, senza il quale l'Acquabella non avrebbe mai trovato il suo posticino nella storia dell'arte.

L'opera è esposta alla pinacoteca di Brera.

COSA FACEVA GOLDONI DA QUESTE PARTI ?

Alessandro Longhi - Ritratto di Carlo Goldoni (1757)

In una gustosa pagina delle "*Memorie per l'istoria della sua vita e del suo teatro rivedute e corrette*", Carlo Goldoni racconta di un viaggio a Milano, che lo porta nella zona di Porta Tosa dove si ferma a mangiare. La collocazione dell'osteria di cui parla, peraltro nota alle cronache del tempo, non è sicura: C'è chi la posizione verso viale Umbria, chi invece nelle immediate vicinanze della Senavra.

CAPITOLO XXX

Incontro di una Veneziana.

Passeggiando un giorno in campagna verso Porta Tosa col signor Carrara, gentiluomo bergamasco e mio intimo amico, ci fermammo alla famosa osteria della Cazzuola che i Milanesi pronunziano casseula, *perché i Lombardi hanno il dittongo eu come i Francesi e lo pronunciano in equal modo.*

Non si fanno a Milano passeggiate, né si mette insieme divertimento di qualunque sorte sia, in cui non si discorra di mangiare: agli spettacoli, alle conversazioni di gioco, a quelle di famiglia, siano esse di cerimonia o di complimento, alle corse, persino alle conferenze spirituali sempre si mangia. Per questa ragione appunto i Fiorentini, che generalmente son sobri ed economi, chiamano i Milanesi lupi lombardi. Ordinammo il Carrara e io una piccola merenda, consistente in una polpettina (cioè polpette di carne battuta) con alcuni uccelletti e gamberi; e aspettando che fosse pronta la colazione, si fece un giro per il giardino.

Al ritorno, nel passar dalla parte della cucina del-

l'osteria, vidi a una finestra del primo piano un bellissimo visetto che fingeva di nascondersi dietro la tenda. Corro subito a prenderne notizia. L'oste non conosceva punto la persona. Vi era giunta da tre giorni per la posta in compagnia di un uomo in buon arnese, che si era allontanato da lei il giorno dopo, né più era ricomparso. Si vedeva essere nel maggior cordoglio e si supponeva veneziana. Giovane, bella, veneziana e afflitta!

Andiamo, dissi al compagno, bisogna andare a consolarla. Salgo, e Carrara mi vien dietro; picchio, la bella non vuol aprire; parlo veneziano e mi manifesto per uomo addetto al residente di Venezia. Apre allora i due battenti della porta, e mi riceve struggendosi in lacrime e nella massima desolazione. Che spettacolo attraente e da far colpo! Una bella donna che piange ha certamente qualche diritto sopra un animo sensibile. Dividevo con lei le sue pene, facevo il possibile per calmarla, e il mio amico Carrara se la rideva. Che uomo duro! Come poteva ridere? Io ero di cera e m'intenerivo di minuto in minuto. Giunsi finalmente ad asciugar le lacrime dell'amata mia compatriota e a farla parlare. Era, per quello che mi disse, una fanciulla di buonissima casa di Venezia, divenuta amante di una persona di condizione superiore alla sua. Aveva concepito la speranza di farne il suo sposo; ma avendo trovato opposizioni da ogni parte, non vide altro scampo che quello di andare in paese straniero. Aveva fatto la sua confidenza a uno zio materno, che l'amava molto ed ebbe la debolezza di secondarla. Si erano dati tutti e tre alla fuga, avevano preso la strada di Milano ed erano passati per Crema. Furono inseguiti e rag-

giunti in quella città; lo zio fu arrestato e condotto in carcere, e i due amanti ebbero la fortuna di salvarsi. Arrivati a Milano di notte, avevano preso alloggio nell'osteria dove eravamo; il suo amante era uscito la mattina di buon'ora per cercare un quartiere in città, ma non era più ritornato. Erano oramai tre giorni che la signorina si trovava sola e fuori di speranza di rivedere il suo rapitore, il suo indegno seduttore; e intanto le luci ime raddoppiate di questa languente bellezza compiono il racconto, ed eccitano al colmo la mia sensibilità. Carrara, che non rideva più ma era bensì irritato che la lunga nenia c'impedisse di merendare, mi fece riflessioni estremamente patetiche sopra il suo appetito. Il cuore non mi permetteva di lasciare la mia compatriota senza fissare con lei qualche provvedimento. La pregai pertanto, per accontentare il ghiotto compagno, di permetterci di far portare la merenda nella sua camera; ella vi acconsentì con buona maniera, e fummo serviti. Mentre eravamo a tavola, io continuavo il colloquio con la signorina, e Carrara mangiava sempre e si burlava di me. Incominciava a farsi sera e conveniva partire; presi pertanto congedo dalla mia bella compatriota, le promisi di tornare a vederla il giorno dopo e, augurandole affettuosamente la buona sera, la pregai di confidarmi il suo nome. Parve che su questo punto avesse qualche difficoltà; ma finalmente mi disse all'orecchio che si chiamava Margherita Biondi. Seppi poi che non era né Margherita né Biondi, né nipote né fanciulla; ma era giovane, bella, amabile, aveva l'aria civile e io ero in buona fede. Potevo mai abbandonarla nel cordoglio o nell'afflizione? Nel ritorno in città bisognò sopportare tutte le beffe e corbellature di Car-

147

rara; ciò peraltro non m'impedì di mantener la parola alla bella forestiera. Le trovai un bellissimo appartamento ammobiliato e di buon'aria sulla Piazza d'Armi, andai a desinar seco il giorno dopo, e la condussi in una buona carrozza a prender possesso del nuovo quartiere.

L'ULTIMA GIORNATA (STORIA MINIMA)

La storia è fatta anche (o soprattutto) di piccoli eventi, come quello raccontato in questa pagina che racconta l'ultima delle Cinque Giornate, con gli austriaci a Porta Tosa in rotta e sbandati, e dunque ancor più pericolosi. Vi si parla dell'Osteria del Pellegrino, quella dove i milanesi andavano a mangiar pescini fritti...

Fuori di porta Vigentina due carra di fascine ed uno di paglia erano pronti per incendiare il portone di quel dazio. In pari tempo il Valdimagnino, di cui jeri abbiamo parlato, colla sua compagnia, messosi a disposizione di Ottaviano Vimercati, tentò di dar la scalata al bastione, ma una salva di schioppettate avendogli traforato il berretto e i vestiti, si calò dalle mura di cui si era già presentato alla cima, e si contentò di appostarsi dietro un albero, di dove stette per alcune ore a tirar sui nemici. Visto che i suoi colpi riescivano vani, e che anzi in quel posto aveva perduti tre compagni, il Valdimagnino si recò nuovamente a porta Tosa per far mordere la polvere a diversi altri soldati. E poichè gli abitanti di quel sobborgo, fuggendo le stragi dei croati, andavano quinci e quindi dispersi, quattro bambini girovagavano sulla strada che conduce alla Senavra in mezzo alle fucilate dei tedeschi che tiravano dal dazio, e a quelle dei campagnoli che rispondevano dalle case circonvicine all'osteria del Pellegrino. Il pericolo di quegl'innocenti commosse l'animo generoso del Gritti, che impavido si slanciò in mezzo ai due fuochi, e tolti sotto braccio i periclitanti fanciulli, riesciva a portarli in salvo nella casa di certo Primo Podestà impresario degli omnibus.

NASÙN
CHE PREVEDEVA IL TEMPO
FIUTANDO LE STALLE

Questa storia mi è stata raccontata pochi anni fa da un tipo incontrato per caso su una panchina in pietra di viale Romagna, una di quelle misteriosamente sopravvissute agli infiniti interventi urbanistici nella zona. All'epoca la considerai solo una gigantesca frottola, che l'individuo in questione andava propinando in giro a curiosi e sfaccendati. Non so cosa ne penserete voi, io comunque la riporto cercando di ricordarne quanto più possibile. Trattandosi di storia già non particolarmente attendibile alla fonte e per giunta riferita, lascio a chi legge il giudizio finale su "La mirabile e singolare vita di Nasùn dell'Acquabella".

"Quando qui attorno era tutta campagna, verso metà Ottocento, la vista poteva spaziare sui campi fino all'orizzonte. C'erano solo cascine e nessun edificio alto, il che avrà, come vedremo, la sua importanza nella storia. Vita povera ma tranquilla, scandita dai tempi del lavoro agricolo. Erano tutti contadini o al massimo impegnati in mestieri legati alla terra. Chi faceva l'oste, chi si occupava di trasportare i prodotti in città, chi aiutava in qualche impiccio, solo perché in grado di leggere e scrivere.

Ma di tutti questi mestieri, il più strano era decisamente quello di tale Bisellato Gerundio (e già uno che aveva per cognome un aggettivo e per nome una forma verbale la dice lunga) soprannominato Nasùn per quello che pensate. L'individuo ostentava infatti non indifferente articolo facciale, e questo fin da neonato. Quando il padre chiese alla levatrice se il settimo arrivato in famiglia, di cui si udivano gli strilli al di là della porta, fosse maschio o femmina si sentì rispondere "Mah. L'è un grand nas cun tacaa

154

un bagaj" *che tradotto alla meglio stava a significa-*
re "Non so, è un naso con attaccato un bambino".
Pur non sapendo niente di genetica, il brav'uomo
capì comunque trattarsi di maschio, visto che ogni
tanto guardandosi allo specchio poteva osservare
da sé l'inconfondibile tratto maschile della famiglia.

Bene, pensò, altre braccia per i campi. E invece si
sbagliava di grosso: il vero apporto all'agricoltura,
il neonato Gerundio non lo avrebbe fornito con le
braccia, bensì proprio con il poderoso naso.

Un tempo non esistevano le App *con le previsioni*
del tempo, in grado di dirti se domani alle 11,45
pioverà o farà bello. Non esistevano neppure com-
puter e telefoni cellulari per ospitare queste App.
Non esistevano i satelliti che alle medesime App *for-*
nivano informazioni da lassù. Non esistevano mo-
delli matematici per usare in modo appropriato i
dati dei satelliti per le App. *C'erano i barometri, ma*
nelle case dei sciuri *dove non erano di nessuna utili-*
tà. Insomma non c'era alternativa per il povero con-
tadino che guardare il cielo e cercare di capirci
qualcosa, prima di intraprendere lavori nei campi.

Questo ovunque, ma non all'Acquabella dove ope-
rava il prezioso Nasùn che nel frattempo da neona-
to era cresciuto, e con lui il suo rilevante naso. Che
gli dette presto fama e lustro in tutta la zona quale
infallibile metereologo. Nessuno infatti era in grado
di prevedere il tempo come lui, avendolo Madre Na-
tura dotato di uno strumento infallibile per questo
lavoro.
Come c'entrasse il naso, lo capirete presto.

L'Acquabella, presa in senso lato, era una vasta estensione di terreni grosso modo delimitata a nord dalle Cascine Doppie e proseguendo in senso orario dalla cascina Rosa, dalla Malpaga, dai Pra' Buoni, dalle Acquabella e dalla Cigada. La sistemazione di queste cascine "a cerchio" ha la sua importanza per la nostra storia, ma soprattutto aveva importanza per Gerundio e il suo naso.

Perché Nasùn prevedeva il tempo fiutando la merda delle vacche, e non sbagliava mai un colpo.

In realtà faceva molto di più: lui 'sentiva' la stalla che è qualcosa di più di una sola sua parte peraltro ben odorosa. E' un cocktail olfattivo composto da fiato degli animali, fieno e umori vari. E' stalla appunto. Ora, l'odore della merda di vacca è uguale da tutte le parti, ma quello della stalla no, è diverso e questo Bisellato Gerundio detto Nasùn, provetto metereologo di campagna, lo sapeva benissimo. Così lo vedevi girare verso sera per i campi dell'Acquabella, magari in mezzo al nebbione, a fiutare l'aria con quel suo naturale strumento. Valutava la provenienza della merda dominante e da lì ricavava subito la direzione del vento, indicatore fondamentale del tempo che sarà, come ben sanno gli scienziati. Se, poniamo, la puzza principale era quella specifica e perfettamente distinguibile (per Gerundio, ovvio) delle Cascine Doppie e dunque proveniva da Nord e magari il cielo appariva limpido sul far della sera, Nasùn emetteva il suo responso: domani farà bello; freddo, ma bello. Era dominante l'odore della Malpaga e delle sue vacche? Brutto segno. L'acqua per contro sarebbe arrivata se girando per i

campi sentiva forte la puzza delle Acquabella e ma-
gari a occidente, sempre sul far della sera, non riu-
sciva a scorgere il pianeta Venere.

Insomma, avete capito. Gerundio nasava e rife-
riva. I contadini si regolavano di conseguenza
per programmare le loro attività agricole e,
pare, non ebbero mai di che lamentarsi. Quanto
a lui, scambiava le preziose informazioni mete-
reologiche con qualche uova, verdure dell'orto,
un po' di latte senza troppe pretese. Nei suoi
anni migliori, da giovane insomma, riceveva nei
fienili qualche extra da ragazzotte disinibite, ma
questo sapeva tanto di leggenda, visto che non
era certo una bellezza. Pare tuttavia che tra le
amiche di cascina circolasse un soprannome: "il
doppione", ma qui è meglio fermarsi e non inda-
gare.

Comunque Gerundio era un uomo felice, a dispetto
del suo nasone, anzi proprio grazie a quello. Tutti
gli volevano bene e lo rispettavano quasi fosse una
divinità pagana dei campi. Era una sorta di App
meteo *ante litteram. E come quella oggi ti arriva di-*
rettamente sul cellulare, così lui verso sera, dopo
una serie di nasate in punti precisi, faceva il giro
delle cascine e portava a domicilio le sue previsioni.
Semplice. Come tutta la sua vita era semplice, in
fondo.

Nasùn dell'Acquabella diventò una leggenda e lo
sarebbe stato per molti anni fini a quando non arri-
varono gli invasori dalla città, con la loro mania di
costruire case da tutte le parti. Case alte, palazzoni.

Una vera tragedia, perché chi di mestiere annusa il vento (sia pure quello un po' particolare proveniente dalle stalle) ha bisogno di spazi liberi. E invece una casa dopo l'altra gli deviarono i venti e lui impazzì, perché non capiva più niente e i refoli si confondevano e lo confondevano. I muri assorbivano gli odori, o li rimbalzano in traiettorie fallaci.

Il progresso avanzava a danno di Bisellato Gerundio, metereologo.

Il Nasùn non è più lui, *sentenziavano i contadini dopo l'ennesima previsione sbagliata.* L'è vecc, *concludevano. E mentre di un anziano magari si diceva "Non ci sta più con la testa", per lui ci si limitava a un "non ci sta più col naso" il che suonava come un epitaffio. Insomma, ciò che aveva decretato la sua fortuna ora segnava la sua rovina,*

L'Acquabella perdeva spazi, perdeva identità, valori contadini e anche il suo grande metereologo,

Facile immaginare come andò a finire. Di lui si dimenticarono presto tutti. Non aveva più un lavoro, perché il suo gli era stato tolto dagli enormi palazzoni che spuntavano qua e là. Finì in povertà e morì solo col suo naso. Nessuno sapeva neppure esattamente dove abitasse: la sua casa in fondo erano i campi dell'Acquabella con i loro odori."

Fin qui la storia raccontatami dal tipo sulla panchina di pietra e converrete che è poco credibile. Di un Nasùn o Bisellato Gerundio per l'anagrafe non c'è traccia in nessun documento, ma questo non vuol dire, perché sull'intera Acquabella c'è davvero poco. Oppure forse è proprio questo il bello, un "vuoto di storie" che può essere riempito a piacere con personaggi incredibili e vicende mirabolanti, senza che nessuno possa mettersi a contestare. Dunque fate voi, potete crederci o meno. A me fa piacere pensare che tal Bisellato Gerundio, fiutatore di stalle, sia realmente esistito. Ma lo dico così, a naso.

... e comunque, per i più scettici, ecco una sorprendente tabella ritrovata in un libro del 1834, che riporta la statistica dei venti dominanti sui Corpi Santi (e su Milano) dal 1817 al 1833.

MESI.	Settentrionale. Nord. Tramontana.	Greco. Nord-est.	Orientale. Est. Levante.	Sciroco. co. Sud-est.	Mezzogiorno. Sud. Australe.	Libeccio. cio. Sud-ovest.	Occidentale. Ovest. Ponente.	Maestro. Nord-ovest.	Direzione del vento composto.	Forza del vento composto.
Gennajo	80,0	59,5	66,5	24,5	49,0	102,5	141,5	62,5	281 19	134,9
Febbrajo	81,5	52,0	81,5	23,0	49,0	82,0	108,5	66,0	290 9	382,7
Marzo	96,0	71,5	118,5	37,5	54,0	74,5	93,0	62,5	5 40	57,7
Aprile	93,0	82,0	88,5	35,5	50,5	64,0	68,0	66,0	8 25	79,7
Maggio	80,5	82,0	110,0	41,5	72,0	90,5	84,5	52,5	39 56	18,2
Giugno	88,5	88,0	108,5	40,0	65,0	74,0	79,5	54,5	28 6	60,8
Luglio	58,5	94,0	135,0	61,5	81,5	74,5	69,5	47,0	102 15	91,6
Agosto	86,0	105,5	134,0	55,5	75,0	63,5	52,0	41,5	75 47	123,4
Settemb.	102,0	95,5	127,5	42,5	67,5	55,5	61,0	47,5	53 57	112,7
Ottobre	90,0	89,0	137,0	39,5	63,5	65,5	86,0	44,0	54 18	79,3
Novemb.	79,5	61,0	82,5	33,5	53,5	79,0	127,0	51,0	290 11	74,2
Dicemb.	68,5	53,0	93,0	34,5	52,5	105,5	142,0	59,0	87 54	103,6
In anni 17	1006,0	933,0	1282,5	469,0	732,5	931,0	1112,5	654,0	5 43	407/720
In anni 71	2321,5	3614,0	6600,0	2357,5	1506,5	3339,5	5082,9	2352,0	59 38	1983/27173

MEMORIE
DI UN VIAGGIATORE
FUORI PORTA

QUATTRO GIORNI
IN MILANO
E SUOI CORPI SANTI

COLLE NOTIZIE PIU' UTILI AL VIAGGIATORE

NUOVISSIMA GUIDA

ARTISTICA, ECONOMICA, COMMERCIALE, INDUSTRIALE

DI IGNAZIO CANTU'

MILANO

Presso **Antonio Vallardi**, Editore

Contrada S. Margherita, N. 1101.

FUORI DI PORTA ORIENTALE.

NUOVA STRADA MILITARE.

La *Strada militare* da *Milano* a *Monza* aperta nel
1838, è un'ampia via larghissima, orlata di platani,
sgorinta a *Gorla* da un ponte che merita essere visitato.
Molte difficoltà si dovettero superare con questo ponte.
È lungo sull'asse del naviglio m. 31,00, largo da spalla
a spalla 14,00, costò lire 75,000. Questa nuova strada
è lunga da *Milano* a *Sesto* m. 71,08. La strada antica
era 81,00. Costò, col ponte compreso e compenso di fondi,
lire 408,960.

FUORI DI PORTA TOSA.

IL FORTINO.

Dopo gli avvenimenti del 1848 fu innalzato fuori di
Porta Tosa il *Fortino*, dove la mal'aria domina maggiormente. Vi stanno d'attorno acque paludose che for-
mano la più squallida parte delle nostre vicinanze.

LA SENAVRA.

Poco lontano del fortino è il manicomio stabilito
nel 1780, convertendo a ciò la casa campestre che qui
avevano i Gesuiti, chiamata, non si sa per qual motivo,
Senavra. È circa un miglio e mezzo dalla *Porta Tosa*,
situata in terreno basso ed umido. È isolata: da tre parti
immediatamente cinta da prati irrigatorii, dall'altra da
un orto molto vasto. Consiste in un ampio e quadrato
cortile, chiuso da una parte da basso caseggiato, il

163

resto da vistoso edificio a tre piani, irregolarmente
compartito nell'interno superiore in sale poco elevate
e angusti corritoi, male atti alle divisioni necessarie
fra i diversi generi di pazzia. Per le maniache però
v'hanno tre corritoi, uno a ciascun piano. Sarebbe co-
modamente capace di 460 individui; ma in caso di
straordinario bisogno potè ricoverarne sino a 517.

Oltre i miserabili vi si recano anche i dementi, bisognosi di custodia, ma impotenti a sostenere la spesa
di un privato maniconio. Per questi vi ha tre classi
di pensione: di lire giornaliere 2. 21 la prima; di 1. 77 la
seconda; di 1. 44 la terza. Alle prime due compete particolare trattamento; alla terza il trattamento normale
degli altri ricoverati.

Per, quanto è compatibile col locale, i pazzi possono
distrarsi col passeggio. Agli uomini tranquilli, si pro-
curano occupazioni di fabbricare stuoje di paglia, tes-
sere, far scarpe o abiti pel luogo; alcuni coltivano
l'orto; altri spazzano i locali, ajutano in cucina, in
cantina, ed anche nell'economia.

Le donne tranquille si occupano a filare, cucire, far
nastri e simili.

LAMBRATE.

Sta poco discosto anche *Lambrate*, dove merita attenzione la *Polveriera* per le macchine introdottive da una
ventina d'anni; un essiccatojo, dove la ruota idraulica
agita il ventilatore ad aria calda, senza pericolo d'incendio, uno strettojo idraulico per comprimere la polvere
fina, i cilindri per macinare, polverizzare, mescere gli in-
gredienti, e i mulini per battere e amalgamare l'impasto.

164

GITA ALL'ACQUABELLA

Vivace "cronista di ricordi" della Milano di un tempo, Alberto Lorenzi ci porta indietro negli anni (anche se non c'è una datazione precisa, possiamo collocare gli episodi raccontati attorno al 1928) quando l'Acquabella era ancora in fase di trasformazione. Campi e cascine contendevano il territorio alle nuove costruzioni, in una battaglia dall'esito già scontato in partenza. Nel bozzetto, la campagna è raccontata con brevi pennellate, come in certi dipinti impressionisti: vigne in Giulio Uberti, stallazzi in Plebisciti e l'immancabile treno, che fa tintinnare bicchieri bianchi di latte, all'Acquabella.

Oltre al cinema Monforte, frequentavamo, ai tempi della "Bosia Film", casa distributrice milanese, anche il cinema Ferravilla, in via Domenico Aspari. Di quest'altro pure esiste il fabbricato ancora. Senonché, dov'era l'atrio tentatore, s'aprono adesso negozi. E dov'era lu sala di proiezione è il cortile di una casa di abitazione. Le donne vi si affacciano sgrullando i tappeti. Povero "Ferravilla". Scoperchiato come dal diavolo zoppo, i muti fantasmi di celluloide sono volati in aria come palloncini. Usciti dal "Ferravilla" - o usciti, mezzo schiacciati, dallo stadio dell'Ambrosiana Inter, che vide nascere il giovane Meazza - ci portavamo alla cosiddetta Fattoria Volente, situata all'Acquabella (viale Romagna 1) e recinta da autentici pioppi, dove potevamo, sotto verdi pergolati, bere il latte appena munto. Non ricordiam bene se, durante tali libagioni, si udissero i muggiti delle mucche. Il treno che passava per via Sidoli faceva tintinnare i bianchi bicchieroni nei piattini.

Ma lasciateci ora descrivere (al nostro figliuoletto) la via Sidoli di allora con nel bel mezzo il terrapieno

166

della ferrovia. Una grande animazione ci pervade.
Quando si partiva per il mare (la stazione era quel-
la dipinta dal Morbelli, con tutto quel fumo), mentre
ancora, nello scompartimento, finivano di aggiusta-
re le valigie sulla reticella, ci si affacciava al fine-
strino, a rischio di farci entrare in un occhio un gra-
nello di carbone. Gridavamo rapidamente, ricono-
scendo i luoghi: "Ecco le vigne di via Giulio Uberti!
Ecco lo stallazzo di corso Plebisciti! Ecco piazzale
Susa!" Per piazzale Susa passavamo sempre, uscen-
do in bicicletta per andare ad esempio verso Limito,
a vedere i lavori per l'Idroscalo, quando questo non
era che un'usuale modesta cava di sabbia nella qua-
le non si poteva assolutamente far bagni.
Al bivio dell'Acquabella - giusto in piazzale Susa -
c'eran ben due passaggi a livello, paralleli, lusso
esclusivo dei maggiori centri ferroviari. Succedeva
però a volte questo: si aprivano i cancelli del primo
passaggio a livello, i veicoli passavano, ed ecco subi-
to dopo, oh, rabbia, si chiudevano i cancelli del sus-
seguente, e i veicoli restavan come in trappola. Mai
furono pronunciate, da carrettieri e automobilisti,
tante imprecazioni pittoresche, nel dialetto milane-
se così caro a tutti noi, come nel breve tratto fra l'u-
no e l'altro passaggio a livello di piazzale Susa! Ma
già abbiamo raggiunto viale Corsica, percorso a
quest'ora da un interminabile corteo di macchine.
Donde ritornano, queste signorine abbronzate, dal
nasino debitamente spellato, unto il grazioso viso
ancora d'olio di noce? E questi giovanotti? Diresti li
avvolga un certo quale aroma marino. Vengono ap-
pena dall'Idroscalo, ma par proprio che a Milano, o
almeno alle sue porte, debba esserci sul serio il
mare!

167

Come in un gioioso finale di film passano questi giovani per lo più su motorette. Capelli scompigliati dal tiepido vento, fazzoletti fluttuosi.

Il paesaggio da queste parti, Dio com'è cambiato! Via Lomellina, dove un tempo c'era da aver paura a passarci anche di giorno, ora non desta più alcuna preoccupazione. Ci mancherebbe. Un po' come piazza Vetra, già così malfamata proverbialmente, e dove ora sorge, magnifico suggello di ritorno all'ordine, il nuovo, lussuosissimo palazzo delle Tasse, ch'è un piacere entrarvi. Dalle parti di piazzale Susa quante case nuove dov'eran case vecchie, dov'eran prati fra carrarecce, dov'eran macchie, fratte, sterrati, come in così gran parte di Milano: come in piazzale Tripoli, dove andavano, per le esercitazioni, i soldati del «Settimo»; come in quella via Gluck, che avrebbe poi cantato - a tempo non di rock -Adriano Celentano! Chi faceva arditamente, la domenica, partendo dall'aeroporto di Taliedo, con venticinque lire, un volo sulla città, vedeva, fra una casa e l'altra, fra l'uno e l'altro isolato, tanti rettangoli d'un verde pallido.

Anche accanto a casa nostra c'era un prato. Un prato sotto il livello della strada. Un "terreno da vendere". Ci si avventava a salti giù per la cedevole discesa: ci si fermava un momento a togliere il terriccio dalle scarpe, poi si correva ad arricchir la schiera dei folletti. Ecco: quel prato era un rimasuglio di campagna, fra le alte grigie mura cittadine. Potevamo trovarci qualche lucertola, qualche saltamartino, qualche farfalla bianca, qualche fiore. La sera, le bambine tornavano a casa coi fiori in testa: coi fiori delle bardane, buttati da manucce dispettose, piccoli brutti fiori dalle brattee uncinate rimasti

nei lunghi capelli e difficili, difficili da togliersi sen-
za smorfie, senza ahi.

Un medico riceve dalle diciassette alle diciannove *nel palazzo dov'era quel prato nel quale anche s'an-*
dava, le sere di prima estate, a caccia di maggiolini.
Dove sono ora, a Milano, i maggiolini che ad ac-
chiapparli ci facevano il solletico al palmo della
mano? A Milano non ci son più maggiolini, questa è
la verità. Ce n'è soltanto uno al Museo di Storia Na-
turale, infilato in uno spillo, e con scritto sotto: Me-
lolontha vulgaris.

Giocavamo. Le nostre donne di servizio, verso l'ora
della cena, venivan sul ciglio del prato; dal marcia-
piedi si sgolavano a chiamare i signorini. E i signo-
rini che non potevan sentirle perché urlavan come
ossessi! "Terreno da vendere!" Alla fine l'han vendu-
to. La nostra via si è straordinariamente tranquil-
lizzata. È diventata più signorile. È diventata - eh, sì
- più centrale. Il nostro quartiere, quando eravamo
piccoli, era alla periferia. Adesso la periferìa si è
spostata molto più in là. I "terreni da vendere" sono
lontani come i ricordi della nostra fanciullezza mi-
lanese.

(Alberto Lorenzi – Milano, il nostro secolo – Bramante editrice, 1969)

IL TEATRINO

All'Acquabella c'è anche un teatro. Piccolo, piccolissimo e sconosciuto ai più. Si trova nei sotterranei dell'ex Brefotrofio di piazzale Dateo e fu costruito agli inizi del Novecento per alleviare con un po' di sorriso le tristi giornate dei bambini ospitati, almeno i più grandicelli. Ha lavorato fino agli anni Sessanta del Novecento, poi il suo impiego è stato saltuario per finire nell'oblio con la chiusura dell'Orfanotrofio in quanto tale e il suo passaggio a uffici. Ad un certo punto era diventato un magazzino.

Qualcuno però nel 2003 ha deciso di farsene carico e di attuare un recupero conservativo. Il piccolo complesso è così rinato come nuovo Teatro "La Scala della Vita": oggi fa parte dell'ospedale Macedonio Melloni ed è seguito dalla onlus "Il Sipario dei bambini". E' facile comprendere che non si è trattato solo di recuperare muri e arredi, ma soprattutto di ricreare un punto nobile di aggregazione e di cultura di prossimità.

Un vero e proprio gioiellino, con un centinaio di posti a sedere e il palcoscenico ancora originale. Il teatro purtroppo è al momento chiuso per motivi vari legati all'agibilità dei locali aperti al pubblico.

PONTE DELLA MALA

Il Ponte del Diavolo. La foto è stata scattata dall'attuale piazza Novelli. L'alto edificio sulla destra è quello che si trova tuttora all'angolo fra via Sido-li e via Carnaghi

Ogni quartiere ha i suoi luoghi oscuri, teatro di storie che si preferisce tenere lontano da orecchie indiscrete. Tradimenti d'amore o traffici illeciti. Riunioni di malavita e regolamenti di conti. Vendette, vie di fuga e nascondigli per refurtiva. E' lungo l'elenco della "nera", soprattutto in zone di periferia, come era l'Acquabella, che non poteva certo sfuggire alla regola.

Il suo luogo oscuro aveva una caratteristica peculiare: lo era anche fuor di metafora perché era davvero buio, là sotto. Era il Ponte del Diavolo (il riferimento è fin troppo evidente), picco-lo sottopasso della ferrovia all'altezza dell'attuale piazzale No-velli. Il punto esatto è quasi all'imbocco di via Sidoli per chi viene dal palazzo dell'Aeronautica. Il sottopasso permetteva a chi arrivava dalla vecchia Strada Rivoltana di immettersi lungo l'attuale asse Carnaghi / Beato Angelico / Amadeo / Ortica / Corelli / Rivoltana di nuovo.

A dispetto della cattiva fama, tuttavia, non ci sono tracce di rilevanti episodi di malavita al Ponte del Diavolo. Eppure per anni si portò dietro, con quel nome, cattiva fama. Se proprio si vogliono cercare tracce della Ligéra (così si chiamava la vec-chia mala milanese) bisogna spostarsi all'estremità orientale dell'Acquabella, nella zona dell'attuale via Lomellina dove nel secondo dopoguerra operò una banda piuttosto attiva.

175

TUTTI I PARTICOLARI IN CRONACA

Appena assunto al Giornale di Montanelli (sembra gran cosa ma in realtà ero l'ultimo dei pivellini, grado infimo nella nobile redazione) il più eccitante dei compiti giornalistici a me affidati era scrivere "pallini" di nera. Notiziole di 5-6 righe, di scarsissima importanza, usati solo come riempitivi in tipografia, quando si impaginava a piombo e rimanevano dei buchi vuoti (i bravi tipografi li tenevano da parte, se inutilizzati, perché magari potevano tornare comodi giorni, o settimane!, dopo con buona pace dell'attualità).

Sono passati più di quaranta anni ed eccomi di nuovo a scriver "pallini": sei notizie brevi di fatti ben strani avvenuti all'Acquabella. (E' tutto vero, nomi compresi)

1908
• Verrà emessa oggi la sentenza in Assise per il duello rusticano avvenuto il 3 dicembre scorso in un'osteria dell'Acquabella. Il diciottenne Luigi S. era intervenuto in soccorso di una giovane maltrattata in pubblico dal fidanzato geloso e manesco, l'operaio Egidio G. Nel corso del duello all'arma bianca, il giovane aveva conficcato un coltellaccio nel petto del rivale, causandone la morte per dissanguamento. Ai giudici ha detto di aver colpito nella concitazione per legittima difesa.

1910
• Non finiscono mai le sfortune per il brumista Innocente Giussani, residente alla Cascina Acquabella 18. In febbraio era stato accoltellato per difendere la moglie, finendo all'ospedale. Mentre era ricoverato scappò uno dei suoi cavalli che

azzoppatosi dovette essere abbattuto. Poco dopo una vettura di sua proprietà fu semidistrutta da un tram in Monforte. Ieri notte i soliti ignoti sono penetrati nella sua scuderia all'Acquabella rubando un cavallo e una pecora. L'equino è stato ritrovato in corso Indipendenza mentre stava per essere rivenduto. Idem l'ovino, poco distante, riscattato per 5 lire. Giussani ha dichiarato di essere preoccupato per il suo futuro.

1924

• Sgominata una banda di falsari, probabilmente responsabile dell'invasione di biglietti contraffatti da 50 lire in tutto il quartiere Acquabella. Al centro dello spaccio ci sarebbe un'osteria di via Moretto, frequentata da tale Giovanni Maccabruni, sodale del noto falsario Pollastri. L'ostessa è stata arrestata: si sarebbe servita della figlia quattordicenne per smerciare le banconote false. L'indagine è stata condotta dal vice-commissario di Monforte, dottor Tommasino.

1928

• Rischiava di costare caro il colpo di sonno che ieri notte ha preso Samuele Tomasini, pastore abitante in una cascina dell'Acquabella. L'uomo, complice anche la disattenzione del cane, si è letteralmente perso l'intero gregge che si è messo a pascolare in libertà nei pochi prati rimasti, spostandosi verso il centro. Dopo un'affannosa ricerca, le pecore sono state rinvenute dalle parti di Corso Buenos Aires e riconsegnate al pastore. Quanto al cane, è sparito definitivamente.

1935

• Scena da romanzo d'appendice durante la celebrazione di un matrimonio nella chiesa di Santa Croce all'Acquabella. Poco prima del "sì" una donna si è fatta largo tra i presenti inalberando un bambinetto di pochi mesi e gridando allo sposo "Vigliacco! Ecco tuo figlio!". Inevitabile il trambusto, tra lo sconcerto della sposa all'altare, il silenzio dello sposo e il clamore dei parenti tutti. Allontanata l'esuberante signorina con il piccolo, la cerimonia è stata velocemente condotta alla fine, con un'appendice davanti al dottor Amato del commissariato Monforte, per chiarimenti.

1962

• Finale in pretura per le "allegre comari dell'Acquabella", così definite dal giudice. Due donne, Tina B di 32 anni e Isabella Z di 43, dovevano rispondere di molestie ai danni di Marta C, 39 anni. Le due imputate avevano individuato in Marta la responsabile di calunniose telefonate nelle quali si insinuava che ciascuna fosse l'amante del marito dell'altra. A quel punto le due amiche-nemiche si sono unite e hanno iniziato a tempestare Marta C di telefonate ingiuriose. Denunciate sono finite davanti al pretore il quale ha derubricato il reato da molestie a semplici ingiurie e non essendoci querela ha chiuso la faccenda con un proscioglimento generale e una reprimenda.

OGGI.
P. LE DATEO, 5

La zona dell'Acquabella contava nell'Ottocento poco più di 350 milanesi del contado che vivevano nelle cascine sparse su un'area di due chilometri quadrati. Oggi un numero ben maggiore di persone, circa 500, abitano in un unico stabile e non sono più solo milanesi, ma filippini, marocchini, sudamericani, albanesi, rumeni. E' la grande casa di piazzale Dateo 5, ai margini dell'Acquabella vicino a dove un tempo sorgeva la cascina Prestino. Casa popolare che tutti conoscono a Milano per la sua storia complicata e per una recente interminabile ristrutturazione con annesse polemiche. Ma anche luogo che vale la pena conoscere, perché interessante esperimento di socialità, per l'impegno di chi cerca di tenerne intatto il decoro, per la ricchezza della sua natura multietnica. Di recente il Corriere della Sera ne ha scritto come di "casa popolare *nobile*", quasi a definirne uno *status* diverso dal resto dell'edilizia popolare milanese.

"Qui vivono 149 famiglie ed altre verranno presto perché il Politecnico ha lasciato liberi alcuni appartamenti destinati finora a studentato. Per il 40% si tratta di famiglie straniere, per il 60% italiane. Un mix abitativo anche per quanto riguarda le condizioni economiche, che si riflettono nei diversi canoni di locazione. Ci sono situazioni di povertà profonda, accanto a famiglie economicamente più tranquille, ci sono anziani soli, mamme con minori e senza lavoro e poi disabili, famiglie che non arrivano a fine mese, persone con difficoltà di diversa natura, emergenze psicologiche.... "

A raccontare sono Irene Giotta e Deborah Zappaterra, di fatto un soggetto solo, il prezioso Comitato Inquilini di piazzale Dateo 5, anima e motore della vita sociale della grande casa. Il loro piccolo ufficio è subito lì all'ingresso e in qualche modo la collocazione è già indicativa di un presidio al tempo stesso ideale e pratico

"Da quando abbiamo messo piede qui abbiamo sentito la necessità, meglio dire lo spirito, di presidiare per cercare di mantenere questo stabile nel migliore dei modi. Qui non ci sono mai state occupazioni abusive o situazioni drammatiche, ma è evidente che con così tante famiglie emergono man mano alcune difficoltà oggettive. Siamo entrate qua (la storia della nuova casa inizia di fatto nel 2007 quando alla fine del lungo restauro vennero assegnati i primi appartamenti) che le famiglie avevano bambini piccoli. I bambini ora sono ragazzi, giovani... Li abbiamo visti crescere e dobbiamo accettare, no, accettare no, riconoscere che alcuni di questi ragazzi hanno purtroppo preso strade particolari, non buone."

Inutile nascondere i problemi, insomma. Vanno riconosciuti e affrontati e il comitato è presente, per quanto può. L'impressione tuttavia è che problematiche meno forti, ma più frequenti, richiedano la maggior quota di attenzione continua.

"C'è un fatto positivo: noi del comitato siamo i primi referenti e di noi le famiglie si fidano. E' molto importante: si fidano. Anche per le piccole cose alle quali porre rimedio, magari una semplice lampadina fulminata sulle scale, o una perdita d'acqua. Abbiamo imparato la differenza tra infiltrazione e perdita, ad esempio, può sembrare banale ma dobbiamo salire noi sulla scala, segnare, toccare per poter segnalare correttamente a MM, che ha in gestione il complesso, la natura del problema. A sua volta MM si fida di noi, e dunque le riparazioni vengono eseguite in fretta. Il degrado arginato."

Questo ruolo di interfaccia per le piccole emergenze, che poi sono le più comuni, è fondamentale nella vita di Dateo 5. Ma c'è anche un importante ruolo propositivo, più complesso di quello degli interventi immediati.

"Organizziamo delle feste multietniche per la comunità a Natale o in estate o per ricorrenze particolari. Le organizziamo qui nel grande cortile, ma accade un fatto singolare: scendono

*quasi solo gli stranieri, gli italiani tendono a chiudersi. Non è che gli stranieri si mescolino molto fra loro, che so il filippino con l'arabo o l'albanese, ma non importa: vengono insieme, c'è rispetto reciproco. Ci chiedono che cosa possono portare e cia*scuno contribuisce con il *proprio cibo con grande generosità e abbondanza. La cosa bella è che in questo modo si entra in tutte le diverse culture."*

Chi magari si aspettava un idilliaco mondo di prossimità e di mescolanza dove gli inquilini si aiutano a vicenda *a prescindere* da nazionalità o situazione economica può rimanere deluso, ma la strada per quanto lunga è intrapresa. Si è innescato, ed è già molto, il circolo virtuoso del reciproco rispetto. Anche questo fa di Dateo 5 un luogo particolare.

"Feste comuni ci sono anche in altre case popolari, organizzate dai custodi sociali. Qui invece tutto parte dal basso, ed è un caso unico. E poi ci piace segnalare la Biblioteca dei Bambini e dei Ragazzi, una delle biblioteche condominiali di Milano, spazio di lettura e di gioco. Stiamo cercando di organizzarla in modo che sia vissuta come punto di sviluppo e non come un semplice luogo dove lasciare i bambini a loro stessi."

Ogni edificio di abitazione è un organismo vivo. Se poi vi abitano 149 famiglie di diverse nazionalità e di diverso reddito in un delicato mix sociale, l'organismo ha bisogno di cure continue e non si può mai abbassare la guardia.

"Certe volte ci chiediamo cosa potrebbe succedere in assenza del comitato a fare da primo contatto. Qui ormai tutti si sono abituati, molto abituati: pochi giorni fa davanti a un principio di incendio chi hanno chiamato? Noi, prima dei pompieri e questo la dice lunga. Via il comitato che fa da tramite con MM e con le strutture comunali dell'assistenza, con le forze dell'ordine e con il mondo fuori, il rischio è che si inneschi un inarrestabile processo di degrado, come avviene in altre situazioni di edilizia

popolare. E invece questo esperimento, pur con tutti i suoi limiti, deve continuare e progredire."

Il degrado. Girando per il cortile o sulle scale o giù nei sotterranei, dove non tutto è, dentro e fuori metafora, alla luce del sole, l'impressione è che non esiste alcun degrado, non quello almeno che ci sia aspetterebbe in uno stabile con decine di appartamenti abitati da inquilini così diversi tra loro e con tanti problemi. Il decoro dopotutto è nel codice genetico di questa grande casa, pensata agli inizi del Novecento come residenza piccolo borghese e con criteri innovativi: si abbandonava il concetto di casa di ringhiera per un complesso su un intero isolato con un grande cortile interno, alto cinque piani e affacciato su quattro vie. Un edificio imponente che ha avuto poi una storia travagliata e vicende da far impallidire un consumato autore di romanzi di appendice. In più di un secolo ha visto di tutto: appartamenti trasformati in magazzini, immigrazione interna incontrollata, malavita, borsa nera durante la guerra, rifugi di sbandati e poi occupazioni abusive, liti senza fine, pastoie burocratiche. Eppure è sopravvissuto, mostrando una ammirevole resilienza.

E' una luminosa giornata di inverno milanese e nel cortile silenzioso la luce si riflette sugli alti muri gialli trasmettendo un generale senso di pace, nel quale senti pulsare la vita delle persone, vita non certo facile, ma qui sicuramente non solitaria.

"Dieci anni fa mi sarei aspettata una risposta diversa" c'è molto realismo, di fronte alle tante difficoltà, nelle parole del comitato e non importa se a pronunciarle è Deborah o Irene. *"L'obiettivo era creare prossimità e attraverso il vicinato una sorta di mutuo aiuto. Il comitato doveva essere solo la parte centrale da cui partiva tutto, ma ciascuno doveva poi sentirsi in una comunità, in una famiglia, e nel momento in cui avesse avu-*

to bisogno di aiuto, lo avrebbe trovato appoggiandosi al vicino. Non è andata così, almeno non del tutto."

Eppure il cortile sembra un grande e caldo abbraccio e non a caso la struttura stessa di Dateo 5, un quadrilatero con un grande spazio interno, ricorda sia pure in modo più imponente una di quelle vecchie cascine di campagna da cui è partito il racconto di questo libro, iniziato nella storia e finito nella cronaca. E quel lontano e paziente mondo contadino ci insegna che se semini bene puoi essere certo, anche se oggi non lo vedi, che il raccolto verrà.

Siamo all'Acquabella, dopotutto.

Piazzale Dateo 5 e, sotto,
nella foto di Davide Mazzacani, il cortile interno

INDICE

Federico Bini, giornalista, ha lavorato per 40 anni in quotidiani, settimanali, mensili, radio e televisione. Volontario della San Vincenzo, vive a Milano, all'Acquabella.

E' possibile scegliere di sostenere l'Associazione Società San Vincenzo de' Paoli – Consiglio Centrale di Milano – devolvendo anche piccole cifre secondo le seguenti modalità.

Per donazioni con detrazione fiscale

Società San Vincenzo de' Paoli - Consiglio Centrale ONLUS
Banca Popolare di Milano – Ag. 352 – via Gallarate, Milano
IBAN IT86Y050 3401 663 000000000 675
Cod fiscale – se persona fisica
P. Iva – se azienda o professionista
Causale: Conferenza SANTA ROSSELLO di Santa Croce

Per donazioni dirette senza detrazione fiscale

Società San Vincenzo de' Paoli – Conferenza Santa Rossello
Intesa Sanpaolo – Filiale Accentrata Terzo Settore – Piazza Paolo Ferrari 10, Milano
IBAN IT08J030 6909 6061 00000119 670
Causale: donazione

mail: santarossello@sanvincenzomilano.it

Puoi destinare il tuo 5x1000 alla Società San Vincenzo de Paoli - Consiglio Centrale di Milano. Firma ed indica nell'apposita sezione della dichiarazione dei redditi il seguente Codice Fiscale 80087650158

Printed in Great Britain
by Amazon

71711493R00116